Un Agent de la Diplomatie secrète sous Louis XV

Louis-François de BERTON-DUPRAT

(1737-1811)

Un Agent de la Diplomatie secrète sous Louis XV

Louis-François de BERTON-DUPRAT

Prieur du Peyrat

et Abbé Commendataire du Plessis-Grimoult

Chanoine et Vicaire-Général de Noyon

et de Coutances

(1737-1811)

par

L'Abbé L. MEISTER

Curé de Halloy

Membre correspondant du Comité Archéologique, Historique
et Scientifique de Noyon.

CHAUNY

IMPRIMERIE E. RONAT, PLACE DE L'HOTEL-DE-VILLE

1906

EXTRAIT

DES COMPTES RENDUS ET MÉMOIRES

du

COMITÉ ARCHÉOLOGIQUE, HISTORIQUE ET SCIENTIFIQUE DE NOYON

Tome XX

Un Agent de la Diplomatie secrète sous Louis XV

Louis-François de BERTON-DUPRAT

PRIEUR DU PEYRAT ET ABBÉ COMMENDATAIRE DU PLESSIS-GRIMOULT

CHANOINE ET VICAIRE-GÉNÉRAL DE NOYON

ET DE COUTANCES

(1737-1811)

C'est en parcourant aux Archives nationales l'état du clergé dans les divers diocèses de France, au lendemain de la signature du Concordat (1), que nous avons rencontré pour la première fois le nom de Berton-Duprat. Une double requête, égarée dans la correspondance échangée à cette époque entre le Ministre de l'intérieur et les Préfets, avait attiré notre attention, et nous nous étions demandé, non sans une certaine curiosité, quel rôle pouvait bien avoir joué, avant la Révolution, ce personnage, qui, dans la situation plus que modeste où il était alors relégué, osait solliciter un siège épiscopal et prétendait devenir l'un des aumôniers du Premier Consul.

Des recherches ultérieures au Ministère des affaires étrangères nous permirent de soulever un coin du voile qui nous dérobait cette figure quelque peu énigmatique : affilié par Louis XV à son *secret*, Berton-Duprat avait été,

(1) Arch. nat., F. 19, 865.

à Pétersbourg, à Stockholm et à La Haye, l'un des agents de la diplomatie secrète et s'était trouvé plus ou moins mêlé aux graves évènements qui, dans la seconde moitié du xviiie siècle, ont marqué le long ministère du duc de Choiseul.

Mais d'où Berton-Duprat tirait-il son origine? Comment était-il devenu chanoine de Noyon et grand vicaire de M. de Grimaldi? Qu'avaient été ses dernières années? Il y avait là des questions qu'il importait de résoudre avant de songer à retracer, dans ses grandes lignes, une carrière qui fut singulièrement mouvementée.

C'est le résultat des investigations auxquelles nous nous sommes livré que nous donnons ici ; mais nous ne saurions oublier tout ce que nous devons à de bienveillantes communications, et nous tenons à remercier d'une manière toute particulière M. Tausserat-Radel, sous-chef du Bureau historique au Ministère des affaires étrangères, MM. J. de la Martinière et Arm. Bénet, archivistes départementaux de la Charente et de la Manche, ainsi que M. l'abbé Leroux, vicaire général de Coutances, et nos savants confrères, M. le chanoine Chrétien et M. Léon Mazière, des précieux renseignements qu'ils ont bien voulu nous transmettre.

Cette biographie présente plus d'une lacune et elle est une bien faible contribution à l'histoire de Noyon et de son illustre chapitre ; mais, si modeste qu'elle soit, elle nous est précieuse, puisqu'elle nous fournit enfin l'occasion d'offrir l'expression de notre gratitude au Comité archéologique et historique, qui nous a fait l'honneur de nous admettre au nombre de ses Membres correspondants.

Halloy, le 23 février 1904.

L'abbé L. MEISTER.

I

Louis-François de Berton-Duprat naquit à Paris, rue du Gros-Chenet (1), le 21 avril 1737. Porté trois jours après à Saint-Eustache, il y fut tenu sur les fonts par Louis-Pierre de La Marck, comte du Saint-Empire, lieutenant général des armées du roi et chevalier de ses ordres (2), et par demoiselle Jeanne-Françoise Le Baux du Boujon (3). Son père, Jean-François de Berton-Duprat, écuyer, seigneur de l'Epigny, était commissaire des poudres et salpètres en Lorraine et Barrois (4). Sa mère, Marie-Jeanne Sandras, appartenait à une famille originaire de la Champagne (5).

Nous ne savons rien de ses premières années. Nous ignorons également pourquoi il renonça de bonne heure au nom de Berton pour ne garder que celui de Duprat. Prétendait-il par là en imposer au vulgaire en laissant croire qu'il appartenait à la célèbre maison des marquis de Barbançon ? C'est une hypothèse qui n'a rien d'invraisemblable. Quoiqu'il en soit, cette homonymie n'eut d'autre résultat que de faire naître, plus tard, de fâcheuses

(1) Cette rue correspondait alors à la partie de la rue du Sentier, comprise aujourd'hui entre la rue de Cléry et la rue des Jeûneurs. (V. Bibl. nat., cab. des estampes, plan de Paris, dit de Turgot, dressé en 1739).

(2) L.-P. de La Marck (1674-1750), veuf de Marie-Marguerite-Françoise de Rohan-Chabot, fut nommé le 20 mai 1737 gouverneur de Landrecies et en 1738 ambassadeur extraordinaire en Espagne.

(3) Arch. départ. de la Seine, État civil reconstitué : extrait du registre des baptêmes de la paroisse Saint-Eustache, à Paris.

(4) Minutes de Mᵉ Aron, notaire à Paris, 28, avenue de l'Opéra : acte de notoriété du 15 février 1760.

(5) Bibl. nat., cab. des titres: dossiers bleus, vol. 597, doss. 15,762.

confusions entre lui et certains personnages équivoques (1).

Berton-Duprat venait de débuter à Liége, en qualité de secrétaire de M. Durand d'Aubigny, notre ministre plénipotentiaire, lorsque la révolution diplomatique, causée par le renversement des alliances, détermina la Prusse à tourner ses armes contre nous. On sait combien cette guerre nous fut funeste. Après quelques succès dans le Hanovre, nous eûmes à déplorer d'irrémédiables défaites et les campagnes de 1757 et 1758 se terminèrent à l'avantage de Frédéric. Durant les deux années que Berton-Duprat demeura à Liége, la signature d'un nouveau pacte avec le Prince-Evêque, conclu à Munich le 18 mai 1757, est le seul fait intéressant la principauté, qui mérite d'être signalé (2).

Dans les derniers mois de 1758, Berton-Duprat reçut l'ordre de rejoindre à Bonn le baron de Breteuil (3), notre représentant auprès de l'Électeur de Cologne. Voisin du théâtre de la guerre, l'Électorat nous donnait accès en Westphalie et pouvait nous offrir un asile en cas de défaite; mais, surtout, c'était un excellent poste d'observation, d'où un agent intelligent était à même de faire passer des avis du plus haut intérêt pour la conduite des opérations. Il importait donc avant tout de maintenir

(1) Boutaric, dans sa Correspondance secrète inédite de Louis XV sur la politique étrangère (Paris, 1866, 2 vol. in-8, t. I, p. 278), le prend pour le fameux abbé de Prades, connu pour la thèse hasardée qu'il soutint, en 1751, en Sorbonne. (V. L'abbé Daux, Une réhabilitation dans la *Science catholique*, octobre et novembre 1902), et le marquis Du Prat, dans ses Glanes et Regains récoltés dans les archives de la maison Du Prat (Versailles, 1865, in-8, p. 204), le soupçonne à tort d'être l'auteur d'un infâme roman : « Vénus dans le cloître », qui eut plusieurs éditions dans la seconde moitié du xviiie siècle. (V. Barbier, Dictionnaire des anonymes et pseudonymes, Paris, 1822-1827, 4 vol. in-8, art. Duprat; — J.-M. Quérard, La France littéraire, art. Barrin).

(2) Ch.-G. Koch, Table des traités entre la France et les puissances étrangères, depuis la paix de Westphalie jusqu'à nos jours, suivie d'un recueil de traités et actes diplomatiques qui n'ont pas encore vu le jour. (Bâle, 1802, 2 vol. in-8).

(3) Louis-Auguste Le Tonnelier, baron de Breteuil (1733-1807).

l'Électeur (1) dans notre alliance (2). M. de Breteuil y réussit pleinement et trouva dans son jeune secrétaire un précieux concours : aussi n'hésita-t-il pas à lui laisser le soin de la correspondance, lorsqu'à la suite de la disgrâce du cardinal de Bernis, il fut appelé à Versailles par le duc de Choiseul? Les lettres de Berton-Duprat, datées de cette époque, nous font assister au passage des recrues qui se rendaient en Allemagne pour une nouvelle campagne (3).

A l'automne de 1759, la Russie paraissait devoir jouer entre les puissances belligérantes le rôle de médiatrice. Alliée de la France sans être ennemie de l'Angleterre, elle pouvait, semblait-il, concilier les prétentions respectives, imposer des concessions réciproques, mettre fin à la guerre maritime tout en pacifiant l'Allemagne et peut-être nous obtenir la restitution de nos colonies. Malgré le peu de sympathie qu'il avait toujours éprouvé à l'endroit de l'alliance russe, le duc de Choiseul était disposé, en présence de nos revers, a accepter et même à rechercher cette intervention ; mais le roi, tout en reconnaissant, avec son ministre, la nécessité de conclure au plus vite une paix honorable, craignait de fournir à la puissance moscovite l'occasion d'un succès diplomatique dont elle ne manquerait pas de se prévaloir pour conserver à la paix la Prusse orientale, qu'elle venait de conquérir. On conçoit combien était délicat, dans ces conditions, le rôle de notre diplomatie, puisqu'il consistait à solliciter les bons offices d'une puissance dont nous refusions de reconnaître les prétentions les plus légitimes. Estimant à bon droit que le vieux marquis de l'Hôpital, notre ambassadeur à Pétersbourg,

(1) Clément-Auguste de Bavière (1700-1761), évêque de Munster, puis archevêque de Cologne et grand maître de l'ordre teutonique.

(2) Flassan, Histoire de la diplomatie, Paris, 1811, 7 vol. in-8, t. VI, p. 115-123: Instructions remises à M. de Breteuil, lors de son départ pour Bonn.

(3) Aff. étrang , Cologne, t. 97: Breteuil à Choiseul, 18 janvier 1759; Choiseul à Duprat, 2 février et 26 mars; Duprat à Choiseul, 9, 19 février, 6 et 16 mars et à l'abbé de Bussy, 28 avril et 5 mai 1759.

était au-dessous d'une pareille tâche, Choiseul songea à lui donner un coadjuteur dans la personne du baron de Breteuil (1).

Mandé à Paris (2), celui-ci apprit de la bouche même du ministre la mission qu'on lui réservait (3) et le rôle singulier qu'on entendait lui voir jouer auprès de la grande duchesse Catherine (4) ; mais sa surprise s'accrut encore, lorsque le comte de Broglie lui remit mystérieusement, de le part du roi, la lettre suivante :

« 26 février 1760.

« Monsieur le baron de Breteuil, sur les comptes avantageux qui m'ont été rendus de vous (5), je me suis déterminé à vous nommer mon ministre plénipotentiaire en Russie et à vous admettre à une correspondance secrète avec moi, que je n'ai jamais voulu qui passât par mon ministre des affaires étrangères. Le comte de Broglie, qui vous remettra cette lettre, et le sr Tercier en ont seuls la direction, et vous ajouterez foi à ce qu'ils vous diront de ma part. Vous leur remettrez les instructions que vous avez déjà reçues et que vous recevrez avant votre départ, du duc de Choiseul et vous leur communiquerez tout ce que vous aurez appris de lui, même verbalement, sur les commissions dont vous êtes chargé, afin que, d'après ces connoissances, ils dressent des instructions particulières et secrètes de ce qu'ils savent de ma volonté sur les affaires de Russie

(1) Albert Vandal, Louis XV et Elisabeth de Russie, Paris, 1882, in-8, p. 354-366.

(2) Aff. étrang., Cologne, t. 97 : Breteuil à Choiseul, 6 décembre 1759.

(3) Flassan, ouv. cité, t. VI, p. 193-218 : Instructions officielles données par Choiseul au baron de Breteuil, 16 mars 1760.

(4) Choiseul désirait que Breteuil supplantât l'amant de Catherine, le comte Poniatowski (A. Vandal, p. 366-369, et duc de Broglie, Le secret du roi. Paris, 1879, 2 vol. in-18, t. I, p. 369).

(5) Il résulte d'une lettre adressée le 22 février 1760 par Louis XV à Tercier (Boutaric, ouv. cité, t. I, p. 245), que le roi avait longtemps hésité à admettre Breteuil à son secret.

et de Pologne. Dès que j'aurai examiné ces instructions, ils vous les feront passer le plus tôt possible (1).

« En attendant, je vous ordonne de différer votre départ, sous des prétextes que vous trouverez aisément, jusqu'à ce que vous les ayez reçues, et je vous recommande le secret, sous les plus grandes peines, envers qui que ce soit au monde, excepté le comte de Broglie et le sr Tercier, et je compte sur votre fidélité et votre obéissance.

« Louis » (2).

M. de Breteuil n'avait eu qu'à se louer des services de Berton-Duprat. Il résolut de l'emmener avec lui (3) et obtint qu'il fut admis à travailler sous ses ordres à la chose secrète (4). Celui-ci quitta Bonn le 4 février 1760 et (5) demeura à Paris pendant plusieurs mois avant de rejoindre son nouveau poste.

Lorsqu'au mois de mai, Breteuil reçut l'ordre de partir, il n'était guère fixé sur la conduite qu'il tiendrait ; car, si, d'une part, il était résolu à suivre les ordres du roi, de l'autre, il entendait bien ne point enfreindre ouvertement les instructions de Choiseul, à qui il devait sa fortune. Il arriva à Pétersbourg à la fin de juin et se rendit à Péterhof, où il reçut le plus gracieux accueil de la part de la tzarine et de la grande duchesse (6) ; mais, gêné par ses instruc-

(1) Les instructions secrètes du roi furent remises à Breteuil dans le courant d'avril 1760 (A. Vandal, ouv. cité, p. 372-381).

(2) Flassan, qui donne cette lettre (ouv. cité, t. VI, p 189), nous fait également connaître la réponse de Breteuil en date du 1er mars 1760. — Sur les origines, le but, le mécanisme et les résultats de la diplomatie secrète, on peut consulter : Boutaric, ouv. cité, t I, p. 57 et ss ; Le duc de Broglie, Le secret du roi, t. I, p. ij-vi, i-iii, 236, 328 et 414, et A. Vandal, ouv. cité, p. 223-235, 297-310, 315-332 et 352-354.

(3) Aff. étrang., Cologne, t. 98, 23 et 24 janvier 1760.

(4) On peut conclure d'une lettre de Breteuil à Tercier du 5 octobre 1762 (voir plus loin, p. 15), que Berton-Duprat fut affilié au secret dès cette époque.

(5) Aff. étrang., Cologne, t. 98, 4 février 1760.

(6) Ibid , Russie, t. 65 : Breteuil à Choiseul, 11 juillet 1760.

tions contradictoires, il n'osa ni profiter de ces bonnes dispositions, ni conseiller à Élisabeth d'énergiques résolutions. Cette réserve excessive annihila notre action en Russie, et la campagne de 1760, qui aurait pu être décisive, fut, au jugement de Breteuil lui-même, « la plus pitoyable des campagnes (1). »

A la fin de 1760, les deux diplomaties finirent cependant par se mettre d'accord sur la nécessité de recourir à la médiation de la Russie. Les pourparlers se poursuivirent pendant la plus grande partie de l'année suivante. Mais il était trop tard. La première conséquence de la mort d'Élisabeth, survenue le 5 janvier 1762, fut de détacher la Russie de notre alliance. A peine monté sur le trône, Pierre III se hâta d'évacuer la Poméranie, de restituer à Frédéric la Prusse orientale et de combattre l'Autriche en Bohême. Cette réaction avait été trop violente pour être durable : six mois après son avènement, Pierre III fut déposé à l'instigation de Catherine, jeté en prison et bientôt assassiné par les complices de celle-ci, le 9 juillet 1762 (2).

Instruit par les ouvertures que lui avait fait faire la tzarine (3) de la révolution qui se tramait, Breteuil avait cru prudent, à la faveur d'un congé, de quitter Pétersbourg avant cette sanglante tragédie. C'est à son arrivée à Varsovie (4) qu'il apprit l'avènement de Catherine II ; mais, au lieu de revenir sur ses pas, il poursuivit sa route jusqu'à Vienne. Berton-Duprat, qui l'accompagnait, n'avait pas eu à intervenir directement dans ces divers évènements ; son rôle, cependant, pour être effacé, n'en avait pas moins été fort actif, surtout depuis qu'il avait remplacé

(1) A. Vandal, ouv. cité, p. 381-390.
(2) Ibid., p. 391-415.
(3) Ibid., p. 415-419.
(4) Aff. étrang., Russie, t. 69, 20 juin 1762 et t. 72, 7 août 1762. — De ces dépêches, il ressort que M. de Breteuil quitta Pétersbourg le 25 juin, arriva à Varsovie le 13 juillet et à Vienne le 5 août.

le chevalier d'Eon (1). « Je vous reitère, écrivait de Vienne Breteuil à Tercier, le 7 août 1762, mes instances pour M. Du Prat ; il mérite certainement les bontés du roy et a une besongne bien occupante, qu'il remplit avec zèle et assiduité ; il vient de prendre le petit collet ; le nonce l'a tonsuré en passant à Varsovie, de sorte que Sa Majesté peut luy faire des grâces, qui ne seront en aucunes façons à charge ; faites-moy, je vous prie, de ne pas perdre de vue cette circonstance, mais, en attendant, couchez-le sur votre état (2). »

Cette requète se croisa avec une dépèche de Choiseul enjoignant à Breteuil de rejoindre immédiatement son poste (3) et avec une lettre pleine de hauteur du comte de Broglie qui, bien que partageant alors la disgrâce de son frère, n'en continuait pas moins, du fond du château de Broglie, à diriger la correspondance secrète. « Je ne sçaurois vous cacher, lui disait-il, que depuis le commencement de votre ministère à Pétersbourg, vous ne paroissez pas avoir donné aux ordres secrets, que vous avez reçus à votre départ, toute l'attention qu'ils exigeoient ; vous ne devez pas avoir oublié qu'il vous étoit recommandé de rendre compte, par la voye secrette, avec la plus grande

(1) Charles-Geneviève-Louis-Auguste-André-Timothée d'Eon de Beaumont, dit le chevalier ou la chevalière d'Eon (1728-1810), fut, de 1756 à 1760, le seul représentant à Pétersbourg de la diplomatie secrète. (V. A. Vandal, ouv. cité, p. 327-332, et Boutaric, ouv. cité, t. I, p. 248 : Lettre de Louis XV à d'Eon, 10 mai 1760). En quittant la Russie, il se rendit à l'armée de Westphalie, où il se distingua comme aide de camp du maréchal de Broglie. Rentré en France en 1762, il fut bientôt chargé d'une mission diplomatique en Angleterre, au cours de laquelle il reçut la croix de chevalier de Saint-Louis, mais ses démêlés avec notre ambassadeur, le comte de Guerchy, eurent un tel retentissement que le secret du roi fut sur le point d'être découvert (Duc de Broglie, ouv. cité, t. II, p. 89-209). Louis XVI ne l'autorisa à demeurer en France que sous des habits de femme : de là, des doutes sur son sexe, qui persistèrent jusqu'à sa mort. (V. F. Gaillardet, Mémoires de la chevalière d'Eon, Paris, 1866, in-8, et Ern-Alf. Vizetelly, The true story of the chevalier d'Eon, etc; London, 1895, in-8).

(2) Aff. étrang., Russie, t. 72, Breteuil à Tercier, 7 août 1762.

(3) Ibid., Russie, t. 70, Choiseul à Breteuil, 27 juillet 1762.

exactitude, de toute votre correspondance directe. Comment est-il possible, par exemple, que, depuis la mort de l'impératrice, vous n'ayez pas senti l'indispensable nécessité de redoubler d'attention pour instruire Sa Majesté? La rareté de votre correspondance avec le Roy ne sçauroit être excusée ny par la multiplicité de vos occupations, ny par la maladie du s^r Duprat. En prenant un secrétaire de plus, vous en auriez été quitte..... Vous auriez dù également lui demander ses ordres pour le choix de celui que vous laisseriés à Pétersbourg, et, dans tous les cas, avant de les avoir receus, vous ne deviez pas vous dispenser d'y laisser le s^r Duprat, au lieu d'y placer quelqu'un qui pùt apprendre par des accidens le secret du Roy et le découvrir sans le vouloir à notre ministère (1). »

Catherine accueillit avec une satisfaction marquée le retour de Breteuil (2); mais elle ne lui cacha pas son intention de garder la plus stricte neutralité (3). Cette attitude de la Russsie hâta la pacification générale, et le 10 février 1763, le traité de Paris, bientôt suivi de celui d'Hubertsbourg, mit fin aux hostilités entre la France et l'Angleterre (4). Deux

(1) Aff. étrang., Russie, t. 72, le comte de Broglie à Breteuil, 11 août 1762.

(2) Ibid., Russie, t. 70, 12 septembre 1762. Cette dépêche nous apprend que Breteuil était de retour à Pétersbourg le 4 septembre.

(3) Les instructions secrètes de Louis XV au baron de Breteuil, durant son séjour à Pétersbourg, ont été publiées en grande partie par Boutaric (ouv. cité, t. I, p. 279-285), d'après Flassan (ouv. cité, t. VI, p. 340 et ss.), qui avait entre les mains les papiers de Breteuil. Elles ont été parfaitement résumées par le duc de Broglie, dans le Secret du roi (t. II, p. 22-27) et par M. Albert Vandal, dans Louis XV et Elisabeth de Russie (p. 423-426). Il faut avouer que ces instructions n'étaient guère de nature à faire sortir Catherine de la réserve qu'elle s'était imposée. « Vous savez déjà et je le répète ici bien clairement, écrivait le roi le 10 septembre 1762, que l'objet de ma politique avec la Russie est de l'éloigner, autant qu'il sera possible, des affaires de l'Europe. Sans rien faire personnellement qui puisse donner lieu à se plaindre de vous, l'objet de votre attention doit être de donner de la consistance à tous les partis qui se formeront immanquablement dans cette cour. C'est par la dissension qui y régnera qu'elle sera moins en état de se livrer aux vues que d'autres cours pourroient lui suggérer ». (Aff. étrang., Russie, t. 72, 10 septembre 1762).

(4) Duc de Broglie, ouv. cité, t. II, p. 28-32.

mois après la conclusion de ce traité néfaste, qui nous arrachait la plus belle partie de notre empire colonial, Breteuil était nommé ministre plénipotentiaire à Stockholm (1) et Berton-Duprat, qui souffrait alors de la pierre (2), obtint de l'accompagner en France, en attendant qu'il le suivit dans son nouveau poste.

II

Le baron de Breteuil partit pour la Suède dans les premiers jours de novembre et arriva à Stockholm le 6 décembre 1763 (3). Sous des dehors brillants, la monarchie suédoise ne jouissait plus en Europe d'aucune considération (4) et, à la faveur des divisions intestines auxquelles

(1) Dès le mois d'août 1762, Louis XV songeait à envoyer M. de Breteuil à Stockholm (Lettre du roi à Tercier, 24 août 1762, dans Boutaric, ouv. cité, t. 1, p. 277); mais le baron ne fut officiellement rappelé de Pétersbourg qu'en avril 1763.

(2) Sur le point de quitter Moscou, le 11 mai 1763, Breteuil écrivait à Tercier : « J'aurois voulu pouvoir laisser icy l'abbé Duprat, mais sa santé est fort délabrée et demande des soins qu'il ne trouvera qu'en France; il n'a que vingt-six ans et est cruellement tourmenté de la pierre; il espère que l'habileté de nos esculapes luy fournira quelque soulagement». (Aff. étrang., Russie, t. 72, 11 mai 1763). L'affaire secrète à Pétersbourg incombait presqu'exclusivement à Berton-Duprat. Le 10 septembre 1762, le roi adressait à Breteuil le billet suivant : « J'ay ordonné de mettre le sr Duprat sur mes états de dépense à commencer de cette année pour la somme de 1,200 livres. Les expéditions secrètes doivent faire sa principale, si ce n'est son unique occupation ». (Ibid., 10 septembre 1762), et, dans une lettre à Tercier, Breteuil s'exprimait ainsi : « Je me propose d'écrire incessamment à M. l'Evêsque d'Orléans pour lui demander une pension pour M l'abbé Duprat et le prier de mettre son nom sous les yeux du Roy. J'espère que S. M. voudra bien luy faire la grâce d'y faire attention. M. l'abbé Dupra (sic) travaille depuis près de trois ans dans l'affaire secrette et mérite beaucoup par son application; je vous ay souvent demandé des appointemens pour luy ; les circonstances s'y sont opposées ; une pension sur un bénéfice ne seroit aucunement à charge et soulageroit pour toujours l'état de dépense de l'affaire secrette ». (Ibid., 5 octobre 1762).

(3) Aff. étrang., Suède, t. 242, Breteuil au duc de Praslin, 9 décembre 1763.

(4) A Geffroy, Gustave III et la Cour de France, Paris, 1867, 2 vol. in-8, t. I, p. 9-10 et 54-66. — A. Vandal, ouv. cité, p. 13-15 et 236-239.

elle était en proie, la Russie et la Prusse, avec la complicité du Danemark (1), méditaient d'étendre sur elle le redoutable réseau dont les mailles enserraient déjà la Pologne agonisante.

Breteuil tenta tout d'abord de gagner à la cause royale les représentants de la nation ; mais il s'aperçut bientôt de l'impossibilité d'une pareille entreprise. Dans la diète de 1765, chaque vote devint l'occasion d'un marché entre les députés et les ministres des puissances étrangères et les énormes sacrifices consentis par la France n'aboutirent, le 5 février 1766, qu'à la conclusion d'un traité d'amitié entre la Suède et l'Angleterre (2).

Cette situation mettait en péril notre influence dans le Nord. Choiseul, comprenant enfin que seule une Révolution pouvait sauver la Suède, adressa à notre ambassadeur le 22 avril 1766 une longue dépêche, par laquelle il l'engageait à réunir sans tarder autour du roi les débris du parti français, pour arriver à rendre au plus tôt, à la couronne, les prérogatives inhérentes à l'exercice de son autorité (3).

M. de Breteuil eut à peine le temps d'entrer dans ces vues. Il quitta Stockholm le 30 avril 1767 (4) et fut quelques mois après nommé ministre plénipotentiaire à La Haye (5).

(1) A. Geffroy, ouv. cité, t. i, p. 28-44.

(2) Ibid, t. i, p. 24-27. — V. aussi les instructions officielles remises à Breteuil le 8 octobre 1763 (Flassan, ouv. cité, t. VI, p. 554-559) et la lettre de Louis XV au baron en date du 13 juillet précédent (Boutaric, ouv. cité, t. i, p. 296-297).

(3) Flassan, ouv. cité, t. VI, p. 562 et ss. — Duc de Broglie, ouv. cité, t. I, p. 191-192.

(4) Aff. Etrang., Suède, t. 249, l'abbé Duprat à Choiseul, 1er mai 1767.

(5) Il ne prit possession de son poste que le 22 sept. 1768 ; mais, il appert d'une lettre de Louis XV au comte de Broglie, datée du 6 mai 1768 (Boutaric, ouv. cité, t. i, p. 361) et des instructions secrètes données à Breteuil le 24 juillet suivant (Flassan, ouv. cité, t. VII, p. 14 et ss), que celui-ci, en attendant son départ, fut chargé d'une mission confidentielle en Angleterre, à l'effet d'obtenir du chevalier d'Eon la remise des papiers relatifs à la correspondance secrète, dont il était détenteur (V. Ern.-Alf. Vizetelly, ouv. cité p. 222).

En attendant l'arrivée de son successeur (1), Berton-
Duprat fut accrédité auprès du comte de Lowelhielm (2)
et assuma pendant dix-huit mois l'entière direction de
l'ambassade. Il lui fut d'autant plus aisé de répondre à la
confiance que lui témoignait Choiseul, qu'en Suède la
diplomatie secrète, dont il continuait à être le représentant,
était en parfait accord avec la diplomatie officielle (3) ;
toutes deux reconnaissaient la nécessité de travailler à la
restauration de la monarchie suédoise ; mais le comte de
Broglie, devenu par la mort de Tercier le chef nominal
de l'affaire secrète, était loin de partager, sur la facilité de
cette tâche, les étranges illusions du Cabinet de Versailles (4).
Berton-Duprat travailla activement à la préparation de la
Diète de 1769. Sa correspondance, conservée au Ministère
des affaires étrangères, témoigne de son zèle et de son
attention et nous montre qu'il partageait entièrement les
sentiments de méfiance, qu'inspiraient au baron de Breteuil
les menées de la Prusse et de la Russie ; si, finalement, la
France parvint à déjouer leurs projets liberticides contre
la Suède, c'est, à n'en pas douter, à ses avertissements
réitérés qu'elle en fut redevable (5).

Chargé des affaires de France, Berton-Duprat se trouvait être, à trente ans, en possession de l'unique situation
à laquelle il put aspirer ; il n'était pas d'assez haute extrac-
tion pour prétendre devenir jamais, comme on disait alors,
« un ministre caractérisé » ; mais, même au second rang,
il était flatté du rôle qu'il lui était permis de remplir. Cette

(1) Le chevalier de Saint-Priest, désigné pour succéder à M. de
Breteuil, fut envoyé à Constantinople et remplacé à Stockholm par
le Comte de Modène.

(2) Aff. Etrang., Suède, t. 250, Choiseul au Comte de Lowelhielm,
12 juillet 1767.

(3) « Je suis persuadé, écrivait Choiseul à Berton-Duprat, que
vous justifierez, par votre conduite et par votre zèle, le nouveau
témoignage que je vous donne volontiers de ma confiance et de ma
bonne volonté pour vous ». (Aff. étrang., Suède, t. 250, 12 juillet 1767).

(4) Duc de Broglie, ouv. cité, t. II, p. 281).

(5) A. Geffroy, ouv. cité, t. I, p. 45.

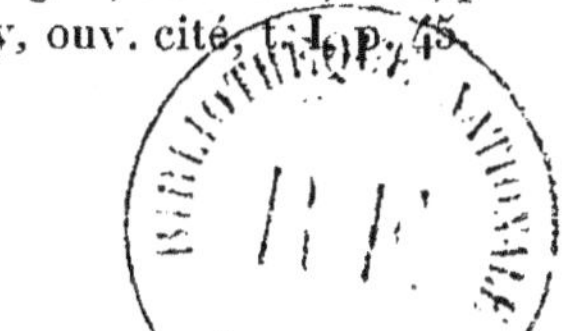

2

satisfaction se trahit dans ce billet, qu'il adressait à Choiseul, le 18 décembre 1767 : « Monseigneur, le bonheur que j'ai de travailler sous vos ordres m'autorise à déposer aux pieds de Votre Grandeur l'hommage de tous les vœux sincères et respectueux que je fais pour elle au renouvellement de l'année. Ces vœux, Monseigneur, sont ceux d'un citoyen qui croit la durée de votre glorieux ministère aussi essentielle à sa Patrie que la conservation de vos jours et l'honneur de votre protection le sont devenus à sa personne, depuis qu'elle a droit d'aspirer à vos bontés ; elles séront sans cesse l'objet de mon zèle dans le service du Roy. Puisse aussi Votre Grandeur juger par là du fidel attachement et de la vive reconnoissance que je lui porterai toute ma vie (1). »

Une occasion se présenta bientôt à lui de faire sa cour au ministre tout puissant. On connaît l'amitié de M. et de Mme de Choiseul pour l'abbé Bathélemy (2). L'un de ses neveux, désireux de se former aux affaires politiques, fut nommé, en 1768, secrétaire d'ambassade à Stockholm. Appelé à devenir plus tard membre du Directoire, sénateur, ministre d'Etat et pair de France, François Barthélemy n'avait alors que dix-huit ans. Choiseul écrivait à Berton-Duprat, le 22 avril 1768 : « Le s^r Barthélemy, Monsieur, destiné à vous remplacer à Stockholm, sous les ordres de M. le chevalier de Saint-Priest, est parti pour s'y rendre. Depuis son départ, le roi a choisi M. le chevalier de Saint-Priest pour l'ambassade de Constantinople et il sera remplacé en qualité de ministre plénipotentiaire en Suède par M. le comte de Modène, qui sera prévenu de l'arrangement qui concerne M. Barthélemy, auquel il n'y aura rien de changé. Dès qu'il sera arrivé à Stockholm, vous voudrez bien le recevoir, le loger et lui donner toutes les instructions et renseignemens qui peuvent le

(1) Aff. étrang., Suède. l'abbé Duprat à Choiseul, 18 décembre 1767.
(2) G. Maugras, Le duc et la duchesse de Choiseul, Paris, 1902, in-8°, p. 29-32 ; 49-52 ; 71-72 ; 81-91 ; 124 ; 146-161 ; 306-314 ; 349 et 364.

mettre à portée de remplir, comme il faut, la place qui lui est confiée (1)... » Il ajoutait dans une autre dépêche : « Je vous aurai en mon particulier beaucoup de gré de tout ce que vous ferez pour rendre son séjour à Stockholm aussi agréable et aussi utile qu'il sera possible (2)... »

Berton-Duprat se hâta de produire partout son jeune compatriote. Il le présenta à Drottningholm au roi et à la reine, ainsi qu'aux membres de la famille royale et ils soupèrent ensemble à la table du grand maréchal (3). Le prince Royal, qui était absent et ne manquait aucune occasion de témoigner sa bienveillance aux Français (4), le reçut sous sa tente pendant un campement, sans qu'il lui eut été présenté officiellement, comme l'exigeait l'étiquette (5). En apprenant les marques de déférence dont son protégé était l'objet, Choiseul crut devoir adresser à Berton-Duprat ce billet qui, malgré sa concision, permettait à notre abbé de bien augurer de l'avenir : « Je vous recommande toujours avec instance d'instruire M. Barthélemy, auquel je m'intéresse véritablement. Je suis infiniment satisfait de votre correspondance et le roi m'a permis de vous marquer qu'il en étoit content (6) ».

Marie Leczinska mourut le 24 juin 1768. L'abbé de Berton-Duprat fit célébrer, le 20 juillet, un grand service dans la chapelle de France. « L'on avoit élevé un catafalque au milieu de cette chapelle tendue de noir. La France, représentée avec tous ses attributs par une figure de hauteur

(1) Aff. étrang., Suède, t. 254, 22 avril 1768.
(2) Ibid., Suède, t. 252, Choiseul à l'abbé Duprat, 24 avril 1768.
(3) Ibid , Suède, t. 252 et 254, l'abbé Duprat à Choiseul, 13 mai 1768.
(4) Le prince Gustave venait d'ordonner d'élever un mausolée sur la tombe de Descartes, mort en Suède. (Ibid., Suède, t. 251, l'abbé Duprat à Choiseul, 13 mai 1768).
(5) La présentation officielle à Drottningholm eut lieu le 25 août. (Ibid., Suède, t. 253, l'abbé Duprat à Choiseul, 1er juillet et 26 août 1768).
(6) Ibid., Suède, t. 253, Choiseul à l'abbé Duprat, 27 juin 1768. — V. aussi Suède, t. 254, Choiseul à l'abbé Barthélemy, 21 avril 1768, et à François Barthélemy, 22 avril et 10 juillet 1768, François Barthélemy à Choiseul, 20 mai 1768, et l'abbé Duprat à Choiseul, 24 juillet 1768.

naturelle, étoit à genoux au pied du cercueil. On la voyoit absorbée dans sa douleur, la tête appuyée sur la main droite et le visage à demi couvert d'un mouchoir qu'elle inondoit de ses larmes ; le bras gauche, dont elle embrassoit le cercueil, paroissoit accablé par les efforts impuissans qu'elle faisoit pour le retenir et l'empêcher de descendre dans la tombe ; l'attitude de cette figure étoit rendue dans toutes ses parties avec tant de force et de vérité qu'on ne pouvoit la regarder sans attendrissement. Ce catafalque et la chapelle, décorés des armoiries de la reine, étoient, d'ailleurs, éclairés avec beaucoup de goût et de manière à ne rien laisser désirer pour l'effet des décorations. C'est M. Larchevesque, sculpteur françois, dont j'ai déjà fait connoistre à Votre Grandeur (1) l'attachement patriotique et les talens célèbres, qui a tracé les dessins et exécuté le travail de cette pompe funèbre... Le Sénat, le collège de la chancellerie, les ministres étrangers, toute la noblesse des deux sexes et les catholiques ont assisté à ce service. L'abbé Le Grand de Thoranne, ci-devant secrétaire et aumônier de M. le chevalier de Saint-Priest en Portugal, arrivé ici avec la suite de cet ambassadeur et rappelé par lui à Paris, étoit à la veille de son départ, quand j'ai appris la mort de la reine ; j'ai prié cet abbé de rester pour faire l'oroison funèbre de cette princesse ; il s'en est acquitté avec tant d'applaudissemens que Leurs Majestés ont voulu la minute de son discours... Après la cérémonie, j'ai donné à dîner à ceux de la noblesse suédoise que j'y avois invités au nombre de soixante-dix personnes, et le soir, à tous les François (2). »

Le comte de Modène prit possession de son poste le

(1) Larchevesque, élève de Bouchardon et pensionnaire du roi à Rome, pour qui Berton-Duprat avait sollicité le cordon de Saint-Michel, était alors directeur de l'Académie de Stockholm et venait d'être anobli par le roi de Suède, au service de qui il se trouvait depuis 1758. (Aff. étrang., Suède, t. 253, l'abbé Duprat à Choiseul, 1er juillet 1768).

(2) Ibid., Suède, t. 253, l'abbé Duprat à Choiseul, 24 juillet 1768.

8 novembre 1768 (1), et Berton-Duprat, après l'avoir mis
au courant de la situation, quitta Stockholm le 27 janvier 1769. Le jeune Barthélemy écrivait à son oncle, la
veille de son départ : « Je ne saurois vous exprimer avec
quel regret je le vois s'éloigner..... Sans être revêtu du
caractère de plénipotentiaire, sans pouvoir jouir du crédit
que donne ce titre et des émolumens qui y sont attachés,
il a su animer un roi foible et pusillanime, modérer une
reine ambitieuse et inconséquente, régler les démarches
d'un jeune prince et captiver la confiance des principaux du parti chapeaux souvent désunis entre eux....
LL. MM. Suédoises lui ont de tout tems donné des
marques particulières de bonté et principalement dans
ces dernières circonstances. Le roi a exigé du Sénat qu'on
mit son portrait dans la boète dont il a été gratifié ; la
reine lui a donné de ses mains une bague de prix, et le
prince royal une lettre de recommandation pour M. le duc
de Choiseul, qui, sans doute, couronnera l'œuvre. En un
mot, il n'a pas tenu à la Cour de Suède que M. l'abbé
Duprat n'y fut accrédité en qualité de ministre (2) ». De
son côté, le comte de Modène écrivait à Choiseul : « Les
témoignages de satisfaction et d'estime que LL. MM. Suédoises, la famille royale et les chefs de la Régence ont
donnés à M. l'abbé Duprat rendent inutile le tribut d'éloges
que je dois en mon particulier à son zèle et à ses talens...
LL. MM. m'ont chargé de vous rendre les témoignages les
plus avantageux de sa conduite pendant qu'il a été chargé
icy des affaires du roy, et M. le Prince royal lui rend la
même justice dans la lettre dont il l'a chargé pour vous (3). »

Cette lettre, datée du 15 janvier 1769, dont l'original se
trouve au ministère des affaires étrangères, est intéressante,

(1) Aff. étrang., Suède, t. 253, l'abbé Duprat à Choiseul, 11 novembre 1768.

(2) Ibid., Suède, t. 254, Fr. Barthélemy à son oncle, 26 janvier 1769.

(3) Ibid., Suède, t. 255, le comte de Modène au duc de Choiseul,
15 janvier 1769.

parce qu'elle nous fait connaître les sentiments du Prince royal pour la France, à la veille de l'ouverture de la Diète de 1769 :

« Mon cousin,

« J'attendois depuis longtems une occasion pour vous faire connoistre ce que sent mon cœur pour un ministre que toute l'Europe admire. L'abbé Du Prat me fournit cette occasion en nous quittant aujourd'hui pour s'en aller rendre compte des affaires dont il a été chargé ici. Il vous dira combien de fois il m'a vu touché des véritables marques d'amitié que la France nous a données dans ces derniers tems, combien il m'a trouvé pénétré d'attachement pour le grand Roi que vous servès si bien et pour les intérèts de la France, que je regarde comme inséparables des miens et de ceux de ma Patrie. Je prie Dieu qu'il vous conserve pour le bonheur de la France et de ses alliés. Je vous recommande l'abbé Du Prat, qui mérite votre protection par son zèle et par ses talens ; l'état ecclésiastique, qu'il a embrassé, donne des facilités pour le récompenser ; je dois même vous dire que je suis chargé de vous prier d'engager le Roi, votre Maître, de lui donner quelque bonne abeie (sic) et que nous le perdons ici avec regret. Il est chargé de vous instruire de la situation actuelle, dont il est parfaitement instruit, et de vous assurer des sentimens avec lesquels je serai toujours, mon cousin, votre très affectionné ami.

« GUSTAVE » (I).

Dans deux lettres adressées à Choiseul, Berton-Duprat a relaté les diverses péripéties de son retour en France. La première est datée de Copenhague le 7 février 1769 : « Je m'étois proposé de faire la plus grande diligence et pour l'effectuer j'ai bravé toutes les rigueurs de l'hiver,

(I) Aff. étrang., Suède, t. 255, 15 janvier 1769.

qui m'a surpris en route avec vivacité. Je suis venu, Monseigneur, en cinq jours, de la capitale aux frontières de la Suède ; mais j'ai trouvé le Sund, si couvert de glaces, que je n'ai pu le passer d'abord en y arrivant. Il a fallu me morfondre à Helsinbourg (1) pendant quatre jours et attendre qu'un vent favorable eût séparé une partie des glaçons de la mer. Encore n'est-ce qu'avec des risques que j'ai engâgé les matelots du Sund à me le faire traverser dans une petite barque ; mon carosse et mes domestiques, qui ont passé après moi dans d'autres battelets, ont failli périr : le premier a été fort endommagé et l'on me demande ici quatre jours pour le mettre en état de continuer ma route. Je ne pourrai donc, Monseigneur, en repartir que samedi onze. On me fait espérer que j'aurai l'honneur d'être présenté la veille à Leurs Majestés et à la famille royale de Danemark. J'ai toujours intention d'aller le plus vite possible. Si le passage des Belt ne m'arrête pas au-delà de mon attente, je serai seurement rendu à Hambourg le dix-huit. Je n'y séjournerai que vingt-quatre heures et tâcherai d'être à Paris au commencement de mars » (2). Le 20 février, autre lettre datée de Hambourg : « C'est toujours avec beaucoup de contrariétés que je chemine. Le Grand Belt m'a fait perdre deux jours. Je lui ai payé aussi un tribut fort incommode, mais qui n'a point eu de suite. Les chemins sont devenus si impraticables par la quantité de neige qui les couvre et par celle qui tombe encore journellement, que j'ai employé vingt-sept heures à faire cinq milles. Malgré tous les obstacles je suis cependant arrivé ici le dix-huit, comme je l'avois projetté. J'en partirai demain pour continuer ma route. Quoique ma voiture soit très solide, elle ne peut résister impunément aux secousses que la maladresse des pos-

(1) Helsingborg, ville maritime de la Suède, à l'entrée du Sund, en face d'Elseneur.

(2) Aff. étrang., Suède, t. 255, l'abbé Duprat à Choiseul, 7 février 1769.

tillons ne sait pas éviter dans les chemins de traverse non frayés qu'il faut prendre dans cette saison. De nouvelles réparations nécessaires à la ditte voiture m'ont forcé de séjourner dans cette ville vingt-quatre heures de plus que je me l'étois proposé. Votre Grandeur ne sauroit se persuader à quel point mon zèle souffre de voir la rapidité de ma marche ralentie... Si, comme je l'espère, ma santé soutient cette fatigue jusques en France et qu'il ne me survienne aucun accident dilatoire, j'arriverai seurement à Paris, à l'époque que j'ai annoncée à Votre Grandeur » (1).

Le départ de Berton-Duprat au cœur de l'hiver, le long entretien qu'il eut la veille avec le Prince royal, son impatience en présence des obstacles, qui retardent sa marche, tout nous fait supposer qu'il était porteur de quelque message secret. Dans l'audience, que lui accorda le ministre à son arrivée, il fut longuement question de la situation de la Suède, du plan de réforme, qui devait être discuté dans la prochaine Diète, des projets de constitution élaborés par le Prince royal et aussi de l'attitude belliqueuse du Danemark (2). Avant de se retirer, Berton-Duprat apprit de la bouche même du duc de Choiseul, que le roi, voulant reconnaître ses services, lui accordait une pension de 1500 livres sur le trésor royal (3) et se proposait de l'envoyer rejoindre à La Haye le baron de Breteuil.

III

« La Hollande était alors, selon la remarque de M. Albert Vandal, comme le parloir de l'Europe. Dans ce petit pays,

(1) Aff. Etrang., Suède, t. 255, l'abbé Duprat à Choiseul, 20 février 1760.

(2) « J'ose supplier, V. A. R., écrivait Choiseul au Prince royal, de me regarder comme un instrument dont elle peut disposer et qui ne s'effraye pas même de l'armement du Danemark, lorsqu'il s'agit de vous servir ». (Ibid., Suède, t. 251, 26 mars 1769).

(3) Etat nominatif des pensions sur le trésor royal, imprimé par ordre de l'assemblée nationale, Paris 1789-1790, 2 vol. in-8°, t. II, p. 18.

où la parole et la plume étaient plus libres que partout
ailleurs, où les informations parvenaient et se propageaient
avec plus de sûreté, où naissaient les nouvelles à sensa-
tion et où se formait l'opinion publique européenne, les
hommes d'État de toutes nations se donnaient rendez-vous
pour s'entretenir et se concerter ; c'est là que se réunis-
saient les congrès solennels et que se ménageaient les
entrevues secrètes » (1).

A La Haye, notre diplomatie était admirablement pla-
cée pour exercer une étroite surveillance sur l'Angleterre
et sur les puissances du Nord. Berton-Duprat, chargé de
nouveau des affaires de France, quelques mois après
son arrivée (2), assuma cette tâche et se trouva bientôt
aux prises avec les difficultés les plus sérieuses. On sait
l'affolement que produisirent partout les édits de l'abbé
Terray. La suspension du paiement des billets des fermes
et des rescriptions eut, en Hollande, une répercussion considérable. Les effets, dont le paiement était ainsi suspendu,
se montaient à deux cent cinquante millions, et la situation de M. Magon de la Balue, le banquier de la cour, était
sérieusement menacée. Il n'y avait qu'un moyen de con-
jurer le péril, c'était de faire affluer le numéraire sur le
marché. Berton-Duprat, qui, dès le début de la crise, était
accouru à Amsterdam, s'y employa de son mieux et il
réussit, à la satisfaction du duc de Choiseul, à sauvegar-
der à la fois et le crédit et le bon renom de la France (3).

Le mariage du Dauphin avec l'archiduchesse Marie-
Antoinette donna lieu, à La Haye, le 8 mai 1770, à des

(1) Albert Vandal, ouv. cité, p. 23.

(2) Berton-Duprat arriva à La Haye à la fin de juin 1769 et M. de
Breteuil en partit le 2 novembre (Aff. Étrang., Hollande, t. 522, Breteuil
à Choiseul, 23 juin et 31 octobre 1769). — Voir les instructions secrètes
données par Louis XV au baron de Breteuil le 24 juillet 1768 (Flassan
ouv. cité, t. VII, p. 14 et ss.) et la lettre du 23 novembre 1769 de
Choiseul à l'abbé Duprat (Aff. Étrang., Hollande, t. 522).

(3) Aff. Étrang., Hollande, t. 522, l'abbé Duprat à Choiseul, 26 février, 2 et 13 mars 1770 ; Choiseul à l'abbé Duprat, 1er avril 1770.

fêtes splendides. « Cet évènement, écrit Berton-Duprat à Choiseul, a été célébré avant-hier dans le palais du Roy avec tout l'éclat qui pouvoit dépendre de mes soins. J'ai fait chanter dans sa chapelle une messe solennelle et un *Te Deum*, auxquels les ministres étrangers catholiques ont assisté, ainsi que les fidèles habitués à notre église, qui sont en très grand nombre. Avant et après cet acte de piété, par lequel j'ai cru devoir, comme abbé, commencer la fête du jour, les principaux membres de la République, les Princes étrangers à son service, qui se trouvent ici assemblés pour les exercices militaires, les officiers de la garnison hollandoise et beaucoup d'autres personnes de distinction ont bien voulu venir me complimenter sur la circonstance que je célébrois. Messieurs les Suisses m'ont fait en corps le même honneur. J'ai dit à tout le monde combien le Roy seroit touché des marques de respect, de zèle et de reconnoissance que je voyois le public de ce pays s'empresser de lui donner, dans une occasion si chère au cœur de Sa Majesté. J'ai répété surtout que l'affection solide du Roy pour la République et l'intimité de son union avec elle seroient toujours un motif qui devroit engager LL. HH. Puissances à prendre une part sincère aux événemens qui intéressoient sa couronne ».

« Il y a eu le soir bal, souper, feu d'artifices et illumination du palais du Roy. J'avois invité plus de trois cens personnes à cette fête, où le nombre des assistans a passé deux cens soixante ; les autres que j'avois prié sont malades ou étoient déjà partis pour leurs campagnes. M. le duc de Brunswic, le prince de Hesse-Philipsdahl, les princes de Waldeck et de Hesse-D'armstadt ont honoré cette fête de leur présence. Les dames et les hommes ont eu l'attention d'y paroître en gala ».

« M. le duc de Brunswic, qui, comme Votre Grandeur sait, a l'honneur d'être parent de Madame la Dauphine, m'a dit, à cette occasion, beaucoup de choses agréables pour le Roy et a saisi tous les moyens de me marquer les plus grandes bontés ».

« ... Je n'ai pas voulu considérer que la somme de quinze cens livres, fixée par Sa Majesté pour ma dépense extraordinaire au mariage de Monseigneur le Dauphin, ne pourroit suffire, à beaucoup près, au payement de celle que j'entreprennois. Je ne me suis arrêté, Monseigneur, qu'à la satisfaction de figurer au mieux possible dans une occasion où je croyois que l'honneur d'habiter un palais appartenant au Roy m'obligeoit de montrer encore plus d'éclat que je n'aurois peut-être dù en étaler ailleurs. Votre Grandeur voudra bien observer aussi que, pour me conformer à l'usage du païs que j'habite, il falloit donner à souper et à danser, y inviter tout le monde, parce que tout le monde vit ici en grande société et compose journellement ce qu'on nomme l'assemblée. A ce premier devoir de ma position politique à La Haye, j'ajoute celui de ma reconnoissance particulière qui, en me rappelant les bontés dont chacun m'a comblé, depuis mon arrivée en Hollande, me rendoit doublement scrupuleux de n'oublier personne sur ma liste (1) ».

Le passage du prince Charles de Suède à La Haye, dans les premiers jours d'août, devint l'occasion de nouvelles réjouissances. « S. A. R. est arrivée la veille du jour qu'on devoit fêter chez Monseigneur le duc de Brunswic l'anniversaire de la naissance de Madame la Princesse. Le prince Charles avoit l'intention de garder l'incognito le plus parfait et de ne voir absolument que la ville où je réside et ses environs ; mais, l'empressement et les instances du prince de Brunswic ont déterminé S. A. R. à s'arrêter vingt-quatre heures de plus pour assister à la fête du 7, qui a été très belle. Le prince Charles fut alors informé que j'avois invité

(1) Aff. Etrang., Hollande, t. 522, l'abbé Duprat à Choiseul, 10 mai 1770.

pour le lendemain du monde à dîner chez moi, à l'occasion du passage de quelques seigneurs françois et autrichiens recommandés par M. le prince de Staremberg pendant mon séjour à Bruxelles (1). S. A. R. daigna me dire qu'étant curieuse de voir le palais du Roy, dont on luy avoit exhalté le goût et la magnificence, elle me feroit la grâce de s'y trouver avec mes convives. J'en augmentai, Monseigneur, aussitôt le nombre jusques à cinquante personnes pour donner au prince Charles la compagnie de tous les ministres étrangers et des principaux individus des deux sexes de la République. Sachant que S. A. R. aime beaucoup la musique, j'ai eu soin de luy procurer aussi pendant son séjour la meilleure de cette ville. Le prince Charles partit au sortir de table pour Leide et Amsterdam, où il a bien voulu agréer que j'eusse encore l'honneur de venir luy faire ma cour. Il se propose d'être le 19 ou le 20 à Bruxelles et d'arriver à Paris le 30 au plus tard, après avoir donné sur sa route un coup d'œil aux troupes, qui seront rassemblées à Mons et à Valenciennes. La vive impatience que S. A. R. m'a témoignée de pouvoir rendre promptement ses respects au Roy et de causer avec Votre Grandeur, ainsi que tous les discours que ce prince a bien voulu me tenir, m'ont paru d'autant plus satisfaisans que, pendant ma résidence à Stockholm, on le croyoit beaucoup moins porté à rendre justice aux François qu'à la nation angloise, etc. (2) ». Berton-Duprat rejoignit le prince à Amsterdam et il l'accompagna, à travers les Provinces-Unies, jusqu'à Bréda, sur les confins des possessions hollandaises (3).

(1) En juillet 1770, Berton-Duprat avait obtenu un congé pour parcourir les Provinces-Unies et assister au jubilé de Bruxelles (Ibid., Hollande, t. 522, 12 et 20 juillet et 3 août 1770).

(2) Aff. Etrang., Hollande, t. 522, l'abbé Duprat à Choiseul, 10 août 1770.

(3) Ibid., Hollande, t. 521. Correspondance secrète, l'abbé Duprat au comte de Broglie, 20 août 1770.

Simplement accrédité auprès des Etats-Généraux en attendant l'arrivée du marquis de Noailles (1), Berton-Duprat menait à La Haye un train que n'eût pas désavoué un ambassadeur en titre. Il aimait naturellement le faste et trouvait dans ces réjouissances un nouveau moyen d'attirer sur lui l'attention du duc de Choiseul, dont rien ne permettait alors de prévoir la chute prochaine ; mais, depuis le départ de M. de Breteuil, les obligations de ses fonctions officielles lui avaient fait quelque peu négliger la correspondance secrète qu'il entretenait avec le roi. Dans une double missive, datée du 4 juin 1770, il crut devoir s'en excuser auprès de Louis XV et du comte de Broglie. Il écrivait à ce dernier : « Voici enfin la collection que je vous devois ; elle est très complètte (2). J'ai l'honneur de vous l'envoier par un marchand françois, établi dans cette ville, qui s'appelle Le Moine. Il remettra mon paquet à M. le baron de Breteuil, par qui vous le recevrez. Vous verrez, Monsieur, dans ma lettre au Roy les motifs qui m'ont engagé à différer cet envoy (3). Je souhaite que vous les approuviez. Si vous les désapprouviez, je changerois volontiers de conduite à cet égard pour adopter celle que j'avois en Suède. Je vous prie seulement d'avoir la bonté de me mander positivement, s'il vous convient de recevoir mes expéditions par parcelles, successivement et en chiffres. Je me conformerai toujours avec empressement à vos ordres ».

(1) Aff. Etrang., Hollande, t. 522, Choiseul à l'abbé Duprat, 24 juin 1770.

(2) Ibid., Hollande, t. 521, l'abbé Duprat au roi et au c^{te} de Broglie, 4 juin 1770. Cet envoi comprenait la copie de la correspondance échangée, de novembre 1769 à juin 1770, entre Berton-Duprat et le duc de Choiseul.

(3) « Sire, mon travail en ce païs est de si mince aloy, que je n'ai point osé l'envoyer en détail à Votre Majesté, ni pu me résoudre à en fatiguer par chiffre la voye secrète... Je n'ai pas douté non plus que M. le baron de Breteuil ne continuàt d'informer exactement Votre Majesté de tout ce qu'il apprenoit d'ici par la lecture de mes dépêches à M. le duc de Choiseul ». (Aff. Etrang., Hollande, t. 521, l'abbé Duprat à Louis XV, 4 juin 1770).

« Vous n'ignorez pas, Monsieur le comte, combien j'ai dépensé ici depuis que j'y suis livré à moi-même. Vous sentirez, par conséquent, combien je me trouverois heureux de pouvoir toucher la gratiffication annuelle de 2,000 livres que vous avez eu la bonté de me procurer il y a un an (1). Je la crois échue à Pasques... »

« Je compte toujours sur l'avantage de vous faire ma cour dans quelques mois et avant d'aller à Vienne. J'ose me flatter que vous voudrez bien continuer à m'honorer de votre appui et de vos bontés. Je les mériterai constamment par le respect infini, la reconnoissance durable et l'attachement très zélé avec lesquels j'ai l'honneur d'être, etc. (2). »

Berton-Duprat, on le voit, espérait accompagner à Vienne le baron de Breteuil. La chute de Choiseul (3) le surprit, sans qu'il pensât un instant qu'elle pût entraver sa carrière (4). Le 15 mars 1771, un mois avant de quitter

(1) Arch. nat., K 157, n° 345, Louis XV au comte de Broglie : « A Versailles, ce 16 may 1769. A l'égard du s^r Dupra (sic), j'approuve que son traitement soit porté à 2000 livres. »

(2) « Je profite d'une occasion particulière et très seure, écrit l'abbé Duprat au comte de Broglie, le 20 août 1770, pour avoir l'honneur de vous envoier en clair la suite de ma correspondance avec M. le duc de Choiseul. Je vous l'adresse sous le couvert de M. le baron de Breteuil. Vous trouverez ci-joint en deux cahiers la copie de mes dépêches au ministre jusqu'au 3 du courant et ses réponses jusqu'au 12 juillet inclusivement ». Le 12 octobre, nouvel envoi, cette fois par la poste (Aff. Etrang., Hollande, t. 521).

(3) Berton-Duprat écrivait à Choiseul trois jours avant sa disgrâce : « Tous les François, Mgr, doivent faire des vœux sincères et ardens pour la conservation de votre santé et la durée de votre glorieux ministère. Permettez-moi de vous rappeler à l'occasion de l'année qui va se renouveler que les miens pour votre satisfaction seront toujours aussi fidèls à votre Grandeur qu'appliqués à me mériter l'honneur de sa protection et de ses bontés dans le service du Roy ». (Aff. Etrang., Hollande, t. 523, 21 décembre 1770).

(4) Aff. Etrang., Hollande, t. 523, l'abbé Duprat à l'abbé de la Ville, 8 et 15 janvier 1771 et au duc de La Vrillière, 18 janvier 1771. — Le marquis de Noailles arriva à La Haye le 14 mars et Berton-Duprat en partit dans les premiers jours d'avril, porteur pour l'abbé de la Ville d'une lettre fort élogieuse du greffier Fagel (Ibid., Hollande, t. 523, avril 1771).

La Haye, il écrivait au duc de La Vrillière, chargé de l'intérim des affaires étrangères : « J'ose espérer que sa Majesté daignera encore me faire la grâce de m'employer ailleurs dans ses affaires du dehors (1) ». Aussi, ce fut pour lui une cruelle déception lorsqu'à son arrivée à Paris, le comte de Broglie lui annonça que le roi, en le nommant à un prieuré, renonçait momentanément à utiliser ses services. Louis XV, en effet, avait adressé à ce dernier le billet suivant : « A Versailles, le 2 mars 1771. L'évesque d'Orléans (2) m'a proposé dimanche un prieuré pour l'abbé Du Prat (3), que je lui ai donné ; mais, en le lui donnant, j'ai bien compté me soulager de ce que je lui donnois par vos mains. Il a déjà reçu plus de grâces qu'il n'en a méritées. S'il se conduit à l'avenir avec prudence et exactitude et hors de toute intrigue avec d'autre parti que le mien, il pourra participer de nouveau à mes bontés. Je donne ces deux mille livres par augmentation à Durand, qui ne peut rien recevoir sur les bénéfices (4) ».

Cet autre billet, écrit également par le roi au comte de Broglie, nous laisse entrevoir le motif de cette disgrâce aussi inattendue que soudaine : « J'ai reçu la lettre du baron de Breteuil. C'étoit moy uniquement qui avoit imaginé de l'envoyer en Suède dans ce moment cy, comme plus au fait qu'un autre ; il n'y fairoit pas le bien que j'en attendois ; je n'y pense plus. A l'égard de Vienne, si c'étoit un triomphe pour le parti Choiseul, il n'yroit pas non plus. Quel sot propos que celui de son retour aux

<hr>

(1) Aff. Etrang., Hollande, t. 523, l'abbé Duprat au duc de La Vrillière, 15 mars 1771. — Le duc d'Aiguillon ne fut nommé ministre des affaires étrangères que le 6 juin 1771.

(2) Louis-Sexte de Jarente, qu'il ne faut pas confondre avec son successeur sur le siège d'Orléans, avait alors la feuille des bénéfices. Le 9 juillet 1770, dans une lettre au duc de Choiseul (Aff. Etrang., Hollande, t. 522), il s'excusait de ne pouvoir faire droit à la requête, qu'il lui avait adressée, de concert avec le baron de Breteuil, en faveur de l'abbé Duprat.

(3) Boutaric (ouv. cité, t. I, p. 419) a lu à tort De Prat.

(4) Arch. nat., K. 157, n° 42.

affaires étrangères ! Quel méchant que celui du retour du
Parlement ! Ce 18 mars 1771 (1) ».

La lumière jaillit de ce rapprochement. Le triumvirat
était à l'apogée de sa puissance, et Berton-Duprat, comme
Choiseul et Breteuil, tombait victime de ses sourdes
intrigues.

IV

Le prieuré que le roi venait de conférer à l'abbé de
Berton-Duprat était celui de Saint-Etienne du Peyrat, de
l'ordre de Saint-Augustin, au diocèse de Périgueux (2),
dont, à la fin du xvii° siècle, Fléchier avait été prieur
commendataire pendant plus de vingt-cinq ans (3). C'était
alors un prieuré-cure, relevant de la Congrégation de
France et administré par un vicaire perpétuel. Les biens
qui en dépendaient étaient affermés près de 12.000 livres (4),
mais les décimes et les vingtièmes dépassaient le quart des
revenus, et les portions congrues des vicaires du Peyrat,
de Celles et de Gardes, avec l'entretien des églises de ces
trois paroisses, montaient à environ 2,650 livres (5).

Désormais à la tête d'une vingtaine de mille livres de
rente, Berton-Duprat résolut de rester à Paris, en attendant une occasion de rentrer en faveur. La Révolution
dont la Suède fut le théâtre seize mois plus tard (6) et qui
était en partie son œuvre, put un instant lui faire croire ce

(1) Boutaric, ouv. cité, t. I, p. 419.

(2) Le Peyrat, commune de Blanzaguet-Saint-Cybard (Charente)
fait aujourd'hui partie du diocèse d'Angoulême. — La France ecclésiastique pour 1782, Paris 1782, in-12, p. 361 indique l'année 1771,
comme celle de la nomination de l'abbé Duprat au Peyrat.

(3) L'abbé Nanglard, Pouillé historique du diocèse d'Angoulême,
Angoulême 1894-1900, 3 vol. in-8°, t. III, p. 151.

(4) Ibid., t. III, p. 149, d'après une déclaration du 16 octobre 1790.

(5) Ibid., t. III, p. 149.

(6) Le 19 août 1772, Gustave III avait fait arrêter sénateurs et députés et prononcé la dissolution des assemblées factieuses (V. Duc de
Broglie, ouv. cité, t. II, p. 408 et ss).

moment arrivé ; mais les évènements se chargèrent bien vite de le détromper. Epuisée par l'effort qu'elle avait fait à Stockholm, la diplomatie secrète agonisait. Le comte de Broglie, qui la dirigeait, fut bientôt, à la suite de ses démêlés retentissants avec le duc d'Aiguillon, exilé à Ruffec, et Breteuil, qui en était l'âme, relégué à Naples, après s'être vu préférer pour l'ambassade de Vienne le trop fameux cardinal de Rohan, si tristement célèbre depuis dans l'affaire du Collier (1). Comprenant que l'intrigue à laquelle il avait été mêlé pendant quinze ans touchait à son dénouement, Berton-Duprat se tourna vers la carrière ecclésiastique.

Où ? comment ? à quelle époque franchit-il les divers degrés de la cléricature ? de quelles mains reçut-il l'ordination qui lui conféra le sacerdoce ? Un mystère profond plane sur cette phase de son existence. Ce qui est certain, c'est qu'il était prêtre lorsqu'au mois de mars 1785, il fut admis, sur la prière de M. de Grimaldi, au nombre des chanoines honoraires de Noyon. Sa nomination se rattache à la conclusion du conflit qui existait depuis plusieurs années entre l'évêque et son chapitre. Nous n'avons pas à en retracer ici les différents épisodes. M. le chanoine Chrétien et M. Léon Mazière (2) l'ont fait dans des pages fort attachantes. Qu'il nous suffise d'en rappeler l'origine et le dénouement, d'après l'un des rares registres capitulaires que possèdent les Archives départementales de l'Oise (3).

Le 12 septembre 1779, M. de Grimaldi, frappé du grand nombre de fêtes chômées, avait cru pouvoir publier, sans avoir appelé le chapitre à en délibérer avec lui, un mandement portant suppression et translation de quelques

---

(1) Duc de Broglie, ouv. cité, t. II, p. 465.

(2) A. Chrétien, M. de Grimaldi, dans Mém. du Comité archéol. et historique de Noyon, t. VIII, p. 253. — L. Mazière, Annales noyonnaises, dans même recueil, t. XIII, p. 408.

(3) Arch. départ. de l'Oise, Série G, Registre de délibérations du Chapitre de Noyon, non inventorié (31 octobre 1777-6 juin 1788).

unes d'entre elles. Le chapitre s'émut ; il commença par
protester respectueusement ; puis, voyant que M. de Grimaldi ne tenait aucun compte de ses observations, il en
vint aux actes. « Le chapitre, lisons-nous dans une délibération du 23 juin 1780, considérant la solidité des titres
sur lesquels est fondé le droit qu'il a de concourir dans
tout ce qui concerne l'office divin, et après le peu de succès qu'ont eu les représentations par luy faites à
M. l'évêque de Noyon sur son mandement publié au mois
de septembre dernier, sans son consentement, désespérant
de voir M. l'évêque lui rendre la justice qui lui est due
par rapport à ce droit de concours, a arrêté qu'à l'avenir,
il continuera de solemniser toutes les fêtes supprimées ou
transférées par le susdit mandement fait sans sa partici-
pation, aux mêmes jours et de la même manière que par le
passé, et que la présente délibération sera notifiée à mondit
seigneur évêque par devant notaire, à ce qu'il n'en ignore,
à commencer par la fête de la translation de saint Eloy (1) ».
En même temps, appel fut interjeté comme d'abus.

Le 6 septembre, le chapitre obtint un premier arrêt qui
lui donnait raison. Dans l'assemblée tenue le lendemain,
à l'issue des Matines, le Doyen engagea ses collègues à
se montrer modérés dans le succès. « Messieurs, dit-il,
vous avez cru que la Religion vous faisoit un devoir de
soutenir le procès qui vient d'être jugé ; la Religion vous
apprendra aussi comment vous devez jouir de l'avantage
que vous avez obtenu ; le public a été édifié jusqu'ici de
la modération que vous avez mise dans toute votre conduite ; il attend de votre sagesse que vous conserverez ce
beau caractère dans la circonstance délicate où vous vous
trouvez. Il est des succès qui doivent affliger ceux mêmes
qui ont été mis dans la malheureuse nécessité de les solliciter (2) ».

(1) Arch. départ. de l'Oise, série G : Registre des délibérations du
Chapitre de Noyon, non inventorié, p. 107, délib. du 23 juin 1780.

(2) Ibid., p. 129, délib. du 7 septembre 1780.

M. de Grimaldi vint sur ces entrefaites à Noyon, et le chapitre décida de l'aller saluer selon l'usage ; mais le prélat vit une provocation dans cette marque de déférence et il fit montre de tant de morgue et de hauteur que l'entrevue aboutit à une rupture définitive. Ce regrettable incident est relaté tout au long dans le registre des délibérations capitulaires. « Le samedi 23 septembre, après la messe, le chapitre en corps s'est rendu à l'évêché. La porte qui communique de l'église au palais épiscopal et qui est toujours ouverte au chapitre lorsqu'il se rend auprès de l'évêque s'est trouvée fermée. Le chapitre, bien éloigné de croire qu'il y eut en cela de la réflexion, sortit de l'église, entra dans le palais épiscopal par la grande porte et attendit dans le salon rouge, après qu'il se fût fait ouvrir la porte qui s'étoit trouvée pareillement fermée , que M. l'Evêque fut revenu de sa chapelle, où il faisoit l'ordination ».

« M. l'Evêque arriva suivi d'un cortège nombreux, et M. le Doyen lui dit : « Monseigneur, nous venons vous présenter nos hommages et nous nous livrons à la flatteuse espérance. qu'il vous sera aussi agréable de les recevoir que nous avons de plaisir à vous les offrir. Si les circonstances fâcheuses où nous avons le malheur de nous trouver pouvoient vous faire douter, si nous mettons dans les sentimens que nous exprimons autant de vérité que d'empressement à les manifester, nous conjurerions le ciel de déchirer à l'instant de vos yeux le voile épais qui rend impénétrable aux regards de l'homme le cœur de ses semblables, vous ne verriez dans les nôtres qu'amour et respect pour votre personne. Ces sentimens sont encore indépendans des situations ; ils nous seront toujours chers, et il n'est aucun événement qui puisse les affoiblir. S'il est quelqu'un qui croit que nous nous attribuons ici une gloire que nous avons peu méritée, qu'il s'élève contre nous, qu'il vienne nous confondre en votre présence, nous l'y invitons ; mais s'il attendoit que nous fussions éloignés pour, par d'insidieuses adresses, surprendre votre religion et vous inspirer des préventions qui tendroient à nous faire perdre votre estime, nous espérons de votre justice que vous le repousserez loin de vous, comme un organe souverainement méprisable du mensonge et de la calomnie. Une âme grande et noble comme la vôtre, Monseigneur, est plus facilement surprise, parce que, jugeant des autres par elle-même, elle les croit toutes incapables de bassesse et d'adulation. Nous vous honorerons toujours, Monseigneur, nous en faisons une profession publique, et si nous n'avions pas dans ce moment le bonheur de vous convaincre de la sincérité de notre dévouement et de notre respect, nous n'en persévérerions pas moins à vous assurer que nous avons et que nous aurons toujours dans le cœur, la réalité de ces sentimens pour vous »

« M. de Grimaldi se contenta de répondre : « Les marques d'attachement que me donnera le chapitre me seront toujours très sensibles, quand elles partiront du cœur » ; puis, faisant trois ou quatre pas vers la porte, et la montrant de la main, le corps à demi tourné, de sorte qu'il présentoit presque le côté au chapitre, il donna à entendre, par une démarche et un geste expressifs, que son intention étoit que le chapitre sortit. Le chapitre ne s'ébranlant pas, M. l'Evêque reporta ses regards sur le centre de la compagnie, où étoit M. le Doyen, et sa position et son geste restant toujours les mêmes, il n'y eut plus lieu de douter qu'il ne persévérât dans la jussion muette, mais énergique, qu'il avoit fait au chapitre de se retirer. Etonné qu'à une réception plus que froide, à une réponse désobligeante, M. l'Evêque joignit encore une expulsion offensante, le chapitre, qu'il eut cependant l'attention de conduire jusqu'au delà de la salle du dais, se retira plus affligé qu'irrité (1) » et résolut de s'abstenir

(1) Arch. départ. de l'Oise, G : registre de délibérations, non inventorié, p. 130-131, délib. du 25 septembre 1780.

désormais de se présenter en corps devant l'Evèque « jusqu'à ce que celui-ci lui eût fait connoistre qu'il étoit disposé
à le recevoir d'une manière qui répondit mieux aux sentimens dont le chapitre s'étoit efforcé de le convaincre (1). »

Le chapitre tint parole, et cet état de choses, qui durait
depuis plus de quatre ans, menaçait de se prolonger indé-
finiment, lorsque, le 23 mars 1785, la nouvelle se répandit
dans Noyon que la compagnie était allée saluer M. de Grimaldi et qu'elle en avait reçu l'accueil le plus flatteur. Le
jour de Pâques, le Doyen, se faisant l'interprète de ses
confrères, lui exprima les sentiments dont ils n'avaient
jamais cessé d'être pénétrés à son égard, « même dans la
plus grande chaleur de leurs contestations », et insista sur
les motifs qui devaient les amener, de part et d'autre, à
rétablir « la précieuse concorde et la parfaite intelligence
qui avoient précédemment régné entre eux et qui avoient
fait leur bonheur commun ». M. de Grimaldi se montra
touché d'un tel langage ; il répondit « qu'il ne désiroit rien
avec plus d'ardeur que de vivre dans la plus parfaite union
avec le chapitre, qu'il ne le priveroit d'aucune des prérogatives dont il avoit joui sous ses prédécesseurs, qu'il en
faisoit volontiers le serment et que, dans tout ce qui ne
blesseroit pas essentiellement les droits de l'épiscopat, il
mettroit tout son plaisir à faire tout ce qui seroit le plus
agréable au chapitre ». Il leur promit, en outre, que toutes
les difficultés pendantes seraient réglées à l'amiable et les
retint à dîner (2).

La démarche du chapitre fut-elle spontanée ? Nous
éprouvons quelque peine à le croire. La lutte avait été trop
vive, elle s'était prolongée trop longtemps pour cesser aussi
brusquement. Il y eut, à n'en pas douter, des pourparlers,
des négociations auxquelles Berton-Duprat, que nous trou-

(1) Arch. départ. de l'Oise, G : registre de délibérations non
inventorié, p. 132, délib. du 25 septembre 1780.

(2) Ibid. p. 498-499, délib. du 27 mars 1785.

vons alors à Noyon, en compagnie de M. de Grimaldi, semble avoir pris une part active. Le procès-verbal de l'accord intervenu ne le dit pas expressément, mais il suffit, pour s'en convaincre, de lire entre les lignes. « Le dîner fut on ne peut plus agréable,... » le prélat, « ayant offert un canonicat à M. Louis-François de Berton-Duprat (1), prêtre du diocèse de Paris (2), prieur commendataire du prieuré royal de Saint-Etienne du Peyrat et de Saint-Pierre de Viel-Arcis (3), qui avoit pris l'intérêt le plus vif à la réconciliation qui venoit de s'opérer sous ses yeux, le chapitre, pour réaliser, dans ce moment même, autant qu'il étoit en lui, les promesses qu'il lui avoit fait », accorda, « par acclamation, à M. Duprat, les honneurs et prérogatives de chanoine honoraire (4) ».

L'abbé s'en fut aussitôt avant les vêpres prendre possession de sa stalle, et, dans l'assemblée capitulaire qui eut lieu le soir même, « Messieurs, délibérans dans la forme ordinaire », après avoir confirmé sa nomination, « arrêtèrent: 1° que Messieurs du Bureau dresseroient un tableau des demandes que le chapitre avoit à faire à M. de Grimaldi avant son départ pour l'Assemblée provinciale, fixée au 10 avril ; 2° que les délibérations des 23 juin et 25 septembre 1780 seroient regardées comme non avenues, sans néanmoins qu'on pût induire de cet acte, de pure complaisance de la part du chapitre, qu'il abandonnoit les obser-

(1) C'est ainsi qu'il signe quelquefois (V. Arch. départ. de l'Oise, L 2 v, requêtes adressées par Berton-Duprat les 2 juillet et 12 août 1791 aux administrateurs du district de Noyon).

(2) Le mot « Paris » est ici en blanc ; mais nous y suppléons à l'aide du procès-verbal de la nomination de Berton-Duprat à une prébende (Arch. départ. de l'Oise, G: registre de délib. non inventorié p. 632, 11 décembre 1786).

(3) Nous ignorons à quelle date Berton-Duprat avait obtenu le prieuré de Viel-Arcy; ce bénéfice, qui appartenait au diocèse de Soissons, dépendait de l'Abbaye de St-Pierre de Châlons-sur-Marne.

(4) Arch. départ. de l'Oise, G: registre de délibérations cité p. 499.

vations qu'il avoit été autorisé à faire sur le mandement du 12 septembre 1779, l'intention du chapitre étant que ces observations fussent remises sous les yeux de M. de Grimaldi, comme des représentations que le chapitre soumettoit à sa prudence, à sa sagesse et à son zèle, pour tout ce qui peut contribuer à l'édification des fidèles de son diocèse ; 3º que M. le Doyen, en lui rendant compte des différents arrêtés en la présente délibération, le prieroit de lui indiquer le jour où le chapitre pourroit avoir l'honneur de lui donner à dîner (1) ». Celui-ci, comme on le voit, n'entendait abandonner aucune de ses prétentions. M. de Grimaldi jugea inutile de protester : il accepta l'invitation, et ainsi se termina définitivement cette querelle, qui avait été pour beaucoup un sujet de scandale et avait jeté si longtemps le trouble dans la ville épiscopale.

Le titre de chanoine honoraire donnait droit à l'une des premières prébendes vacantes. Berton-Duprat n'attendit pas longtemps. Le 2 décembre 1786, Mre Louis-Nicolas Varlet, prêtre du diocèse de Reims et docteur en théologie, étant venu à mourir, il fut appelé à lui succéder dans son canonicat (2). Il prit possession le 11 par procureur et fut installé en personne le 22 décembre, après avoir au préalable promis de ne rien révéler des secrets de la compagnie et avoir exhibé des provisions d'aumônier de la Bibliothèque du roi (3). A Noyon, les nouveaux chanoines étaient astreints, de Pâques à la Toussaint, à un stage de rigueur. Le samedi-saint qui suivait leur nomination, ils se présentaient au Doyen du chapitre, pendant le *Gloria in excelsis* de la messe capitulaire. Acte leur était donné de

(1) Arch. départ. de l'Oise, G : registre de délibérations cité p. 499-500, délib. du 27 mars 1785.

(2) Ibid, p. 631-632, chapitre tenu le 11 déc. 1786. — Berton-Duprat est qualifié ici « prêtre natif de Paris » et l'ordo de M. de Grimaldi pour 1787 porte la mention suivante « Ludovicus-Franciscus de Berton-Duprat, Parisiensis, 11 déc. 1786 » (Commun. de M. le chanoine Chrétien).

(3) Ibid., p. 635, chapitre tenu le 22 déc. 1786.

cette présentation, après laquelle, sauf certaines exceptions
prévues par la coutume, ils étaient strictement tenus à la
résidence, jusqu'au jour où, sur le certificat du pointeur,
il était reconnu qu'ils avaient pleinement satisfait à cette
obligation. L'abbé de Berton-Duprat vint donc à Noyon
durant la Semaine Sainte de 1787, et, le Samedi Saint (1),
il se présenta avec plusieurs de ses confrères (2) « devant
le Doyen assis en sa place », lui demandant de vouloir
bien l'admettre « à faire son stage suivant le statut Fou-
cault et l'usage » de l'église de Noyon ; mais, le mercredi
suivant, il sollicita et obtint du chapitre réuni dans la sous-
trésorerie, en vertu du privilège attaché à l'office d'aumônier
de la Bibliothèque du roi, la faculté de « s'absenter et de
pernocter hors de la ville, sans infraction de son stage et
sans perte de fruits (3) ». Après quoi, il revint à Paris, où
M. de Grimaldi, d'ailleurs, était plus souvent que dans son
diocèse (4), et c'est à peine si, de temps à autre, les registres
capitulaires nous signalent sa présence à Noyon (5).

Au mois d'octobre 1787, Berton-Duprat résigna son

(1) 7 avril 1787.

(2) MM. Baudouin-François Druon de Blamont, Androuin-Louis
de Mengin de Fortdragon et Jean-François Reydelet.

(3) Arch. départ. de l'Oise, G : regist. de délibérations cité, p. 650-
651, 7 et 11 avril 1787.

(4) En 1787 et en 1788, l'abbé de Berton-Duprat fut chargé, par ses
confrères de Noyon, de se rendre, à l'occasion de la nouvelle année,
auprès de M. de Grimaldi, pour lui présenter les vœux et les
hommages du Chapitre. (Arch. départ. de l'Oise, G : registre de
délibérations cité p. 635 et 717, 27 déc. 1786 et 31 déc. 1787) L'hôtel
de Grimaldi se trouvait au n° 105 de la rue St-Dominique (V. Almanach de Paris, 11 volumes in-18, Paris 1780-1790, chez Lesclapart fils,
libraire au Pont Notre-Dame).

(5) Le 27 juin 1787, il sollicite à nouveau dispense de la résidence
(Arch. départ. de l'Oise, G : reg. de délib. cité, p. 668) ; le 26 novembre 1788, il assiste à un Chapitre général et, en octobre 1789
se trouve à l'installation de son confrère et ami, Ch.-Fr. Bernard
de Brandelles (Arch. départ. de l'Oise, G 1336. Registre de délibérations du Chapitre de Noyon, 7 juin 1788-22 novembre 1790, p. 48,
129-130 et 132).

prieuré du Peyrat (1) pour le prieuré beaucoup plus important du Plessis-Grimoult, au diocèse de Bayeux (2). Ce bénéfice, que Bossuet avait possédé, relevait, comme le Peyrat, de la Congrégation de France et avait dans sa dépendance vingt-neuf paroisses, dont les cures étaient à la collation du prieur. Celui-ci, qui portait le titre d'abbé, était regardé comme le premier des chanoines de la cathédrale de Bayeux. A la fin du XVIIIe siècle, le Plessis ne renfermait plus que quatre religieux profès, mais les revenus de l'abbé s'élevaient encore, toutes charges déduites, à plus de vingt-cinq mille livres (3).

Cette nomination arrivait fort à propos pour permettre à l'abbé de Berton-Duprat de rétablir ses affaires. La vie fastueuse des ambassades lui avait fait contracter des habitudes toute mondaines. Non content de fréquenter les salons à la mode, il occupait (4) un luxueux appartement, meublé avec goût, dans lequel se pressaient dans un gracieux pêle-mêle les objets d'art, les tableaux de maîtres et les souvenirs rapportés de Pétersbourg, de Stockholm et de La Haye. C'est là qu'il se plaisait à recevoir ses amis et les personnages influents avec lesquels il était resté en relations et sur qui il comptait peut-être pour le pousser jusqu'à un évêché. Malheureusement, ses revenus étaient loin de répondre à un pareil train ; à la rigueur, ses vingt mille livres y eussent pu suffire ; mais son prieuré du

(1) Son successeur fut l'abbé Jean-Philibert de la Chapelle, chanoine de St-Just de Lyon (L'abbé Nanglard, ouv. cité, t. III, p. 151).

(2) Le Chapitre de Noyon à cette occasion lui envoya ses compliments (Arch. départ. de l'Oise, G : reg. de délibérations non invenrié, p. 697, délib. du 5 octobre 1787) par l'intermédiaire du syndic.

(3) L'abbé Barette, Notice sur la paroisse du Plessis-Grimoult, in-8°, Condé-sur-Noireau 1844. — L'un des quatre derniers religieux du Plessis, Dom Serin, mourut à Crépy-en-Valois, dont il était originaire, pendant la Révolution.

(4) De 1780 à 1786, nous trouvons à Paris deux abbés Duprat, l'un Boulevard de la Madeleine, l'autre rue Saint-Honoré n° 382. Ce dernier en 1786 vint s'établir rue des Bons-Enfants et y demeura jusqu'en 1788 (Almanach de Paris, ouv. cité).

Peyrat, qui entrait en ligne de compte, était loin d'être une valeur de tout repos. A l'époque où il résigna ce bénéfice, ses fermiers du Périgord ne lui devaient pas moins de quatorze mille livres (1). Cette situation l'avait décidé, dès 1780, à avoir recours aux bons offices de M. Magon de la Balue, qu'il avait connu durant ses légations en Suède et en Hollande (2), et en moins de trois ans, il avait souscrit des billets pour une valeur de 33,000 livres (3). Le prieuré de Vieil-Arcy, la charge d'aumònier du roi à la Bibliothèque, son canonicat avaient accru ses ressources dans des proportions insuffisantes pour qu'il put faire face à de si lourdes obligations. En portant ses revenus à 45,000 livres, le prieuré du Plessis-Grimoult allait lui dónner, semblait-il, le moyen de vivre sur un pied honnète et de se libérer vis-à-vis de ses créanciers (4).

Berton-Duprat se mit donc en mesure de prendre au plus vite possession de son nouveau bénéfice ; mais comment subvenir aux frais énormes qu'entraînait avec elle cette prise de possession ? Plutôt que de se défaire d'une partie de son mobilier et de se séparer des objets qu'il avait mis vingt-cinq ans à rassembler, il préféra, pour se procurer les 54,000 livres qu'il jugeait nécessaires, avoir recours à un nouvel emprunt. Il s'adressa d'abord à M. de la Balue, puis, sur son refus, à un faiseur d'affaires, qui exigea une caution en bonne et due forme. M. de Saint-

(1) Lettre de l'abbé Duprat à M. Magon de la Balue, datée de Noyon le 9 novembre 1791. — Nous devons la communication de ce document intéressant à l'obligeance de notre docte confrère, M. Léon Mazière, dont il est la propriété.

(2) V. Le livre Rouge, imprimé par ordre de la Convention, Paris 1793 in-8° ; 1768, nos 121 et 147 et 1769, n° 37.

(3) Les originaux de ces billets, au nombre de cinq (11 janvier 1780, 6.000 livres ; 2 mai 1780, 5.000 livres ; 15 décembre 1781, 10 000 livres ; 11 mai 1782, 6 000 livres ; 31 octobre 1782, 6.000 livres), appartiennent à M. Léon Mazière.

(4) Lettre citée du 9 novembre 1791.

Germain, receveur général des domaines et bois de Mon_
sieur, frère du roi, lui donna sa signature, après avoir
obtenu de l'abbé, par devant notaire, la cession de son
mobilier et reconnu, par une contre lettre, que ce mobilier, qui demeurait réellement et uniquement la propriété
de ce dernier, resterait à sa seule et libre disposition, dès
qu'il l'aurait déchargé de sa caution. Dans les premiers
mois de 1789, Berton-Duprat, qui croyait, par ces arran-
gements, assurer l'intégrité de son revenu, vint s'installer
dans un superbe appartement de la rue des Capucines,
que M. de Saint-Germain consentait à lui louer pour neuf
ans, sa pension comprise, sur le pied de deux mille écus.
Même en supposant qu'il dépensât annuellement quinze
mille livres, il lui restait une somme de dix mille écus,
qui était plus que suffisante pour se libérer entièrement
en moins de cinq ou six ans (1).

V

L'abbé, dont les calculs étaient plutôt optimistes, avait
compté sans la Révolution. Quel ne fut pas son désespoir
lorsque, selon ses expressions, il se vit dépouillé par les
« Barbares décrets ! » En mettant à la disposition de la
nation les biens du clergé et des communautés religieuses,
le décret du 2 novembre 1789 lui enlevait des ressources
sur lesquelles il avait fait fonds pour sortir d'une situation qui ne laissait pas d'être fort embarrassée. Le baron
de Breteuil, qui n'ignorait rien de ses affaires, lui avait
conseillé, en partant pour l'exil, de se retirer à Noyon,
dans son canonicat. Il y songeait lorsqu'un évènement
inattendu vint l'y déterminer.

Depuis son retour de La Haye, il avait été l'un des hôtes
assidus de M. de la Balue. Vivement affecté du malheur
public, atteint lui-même par le désarroi dans lequel se trou-

(1) Lettre citée du 9 novembre 1791.

vait le Trésor, le financier, depuis le commencement de la Révolution, vivait retiré dans son hôtel de la place Vendôme (1), entouré des tendres soins de sa fille, la marquise de Saint-Pern, et de ses petits-enfants, empressés, comme leur mère, à lui apporter quelque distraction et à lui faire oublier le tracas des affaires. C'est dans ce milieu familial que l'abbé de Berton-Duprat venait chercher un soulagement aux soucis dont il était lui-même obsédé. Cependant, il n'avait pas été sans remarquer depuis quelque temps un changement profond dans la manière d'agir de M. de la Balue à son endroit. Il essayait en vain, depuis plus d'un mois, d'en pénétrer la cause, lorsque le hasard de la conversation vint la lui apprendre. Parlant des abus qui, à son avis, s'étaient glissés dans les arrêts de surséance, M. de la Balue se permit de faire remarquer que ces sortes de grâces n'auraient dû s'accorder qu'à des négociants malheureux dans leurs spéculations, jamais à d'autres, surtout à des bénéficiers toujours impardonnables d'avoir des dettes et de mourir banqueroutiers. Il appuya avec une telle insistance sur cette dernière réflexion, en levant les yeux sur l'abbé, que celui-ci crut impossible de n'y pas voir un argument *ad hominem*. L'âme déjà bourrelée de son affreuse position, il faillit étrangler en entendant ces cruels propos qui le prenaient à la gorge ; pour n'en pas étouffer et éviter toute expectoration déplacée, il n'eut que le temps de courir à son chapeau et de s'enfuir, promettant au ciel et à la terre que M. de la Balue n'entendrait plus parler de lui, ni ne le reverrait qu'il n'eût de l'argent à lui apporter.

Berton-Duprat eut volontiers quitté Paris sur le champ ; mais il lui fallait auparavant prendre de nouveaux engagements avec ses créanciers et rétrocéder un loyer désormais inutile. Il était en pourparlers à ce sujet et se croyait toujours sur le point d'en finir. Au bout de trois mois, malgré

(1) Almanach de Paris de 1782 à 1790, ouv. cité.

des sacrifices énormes, il n'avait abouti à rien. Dégoûté du
monde, en proie à toutes sortes d'amertumes, de soucis et
de contrariétés, il rongeait son frein dans sa chambre, sans
en vouloir sortir, lorsque l'un de ses confrères de Noyon,
qu'il voyait souvent à Paris, étonné et inquiet de ne plus
l'y rencontrer, vint s'enquérir de ses nouvelles. L'abbé
Bernard de Brandelles s'était fait recevoir avocat au Parlement et était attaché en cette qualité, depuis 1786, au
Conseil de Monsieur, frère du roi. M. Bernard de Bellaire,
son père, magistrat en Franche-Comté, avait quitté la province pour venir à Paris présider à l'éducation de ses deux
fils. Aujourd'hui qu'ils étaient pourvus l'un et l'autre, il
résidait à peine trois mois dans la capitale, dans un appartement de la place de la Croix-Rouge, au faubourg Saint-
Germain, passant le reste de son temps près de Lagny, à
Montévrain, dans une charmante maison de campagne
qu'il y possédait, voisine de celle de M. de La Borde. C'est
là que l'abbé Bernard de Brandelles emmena, presque
malgré lui, Berton-Duprat, qui trouva dans ce voyage
une utile diversion à ses ennuis. D'un caractère vif et
enjoué, d'une expérience consommée dans les affaires,
M. de Bellaire jouissait à Montrévain de l'estime générale
et était consulté comme l'oracle du canton de Lagny.
L'abbé eut bien vite conquis son amitié et pensa avec
raison qu'il était l'homme capable de le sortir d'embarras.
De retour à Paris, il profita d'une visite que lui fit M. de
Bellaire pour le mettre au courant de sa situation, et après
lui avoir donné tous les renseignements qui pouvaient lui
être utiles et lui avoir remis ses papiers et sa procuration,
il prit le coche pour Noyon le 5 juin 1790 (1).

Depuis bientôt un an, le palais épiscopal était vide.
M. de Grimaldi n'avait pas attendu que l'orage éclatât ;
au lendemain de la prise de la Bastille, il avait en hâte
gagné la Provence, d'où il se proposait, en cas de besoin,

(1) Lettre citée du 9 novembre 1791.

de se réfugier en Italie (1). Berton-Duprat, en possession
de lettres de vicaire général (2), ne fut pas long à s'aper-
cevoir qu'à Noyon, comme ailleurs, une partie de la population prêtait une oreille attentive aux idées nouvelles. Au
cours du service célébré à la mémoire de Francklin, dans
l'église des Capucins, quinze jours après son arrivée, la
Société des Patriotes ne craignit pas de saluer la liberté
comme une fille de la philosophie et d'associer le nom de
Voltaire à celui du protagoniste de l'indépendance améri-
caine. Le 2 août eut lieu la dernière solennité à laquelle le
chapitre ait pris part officiellement. A l'occasion de la fête
de la Fédération, le chanoine Reneufve, aumônier de la
garde nationale, célébra la messe sur la grande place : le
clergé et les communautés de la ville y assistèrent, la
musique du chapitre se fit entendre alternativement avec
la musique militaire et la plus franche cordialité ne cessa
de régner pendant le banquet, qui réunit toutes les classes
de la société (3).

Berton-Duprat vit-il dans cette fête le présage d'une
réconciliation nationale ? Nous ne savons. En tout cas, les
ruines que la Constitution civile du clergé allait accumuler
sur la France, en la plongeant dans le schisme, devaient
se charger bien vite de le détromper. En vertu de cette loi
néfaste, l'évêché, le chapitre, les abbayes de Noyon étaient
appelés à disparaître. L'histoire de ces diverses institutions
se confondait depuis trop longtemps avec l'histoire même
de la cité pour que cette nouvelle n'y causât une profonde
émotion. L'abbé, qui avait espéré trouver le repos dans son
canonicat, s'en montrait particulièrement affecté, lorsqu'il

(1) Le chanoine Chrétien, Le clergé de Noyon pendant la Révolution
dans Mém. du Comité archéologique et historique de Noyon, t. XVI,
p. 5o. — M. Léon Mazière, Annales noyonnaises dans même recueil,
t. XV, p. 8.

(2) D'après l'Etat général de la France, Paris 1789. 2 vol. in-8°,
t. I, p. 494, Berton-Duprat était vicaire général de Noyon dès 1788.

(3) Léon Mazière, Annales noyonnaises dans recueil cité, t. XV,
p. 21 et 24-26.

reçut de Paris une nouvelle destinée à accroître encore ses inquiétudes. On lui mandait que M. de Saint-Germain était en fuite, qu'on le croyait passé à Londres, qu'il laissait un actif de 48,000 livres, que, par contre, son passif se montait à 250,000 livres, dont 200,000 étaient dues à Monsieur, frère du roi. C'était la perte du peu qui lui restait : son mobilier, qu'il avait vendu fictivement à M. de Saint-Germain, allait passer au profit des créanciers du fugitif, sans aucun profit pour les siens. Il se hâta donc de partir pour Paris, où il arriva le 7 octobre et descendit chez M. de Bellaire, rue du Cherche-Midi (1). Il apprit alors que, pressentant la catastrophe, M. de Bellaire était parvenu, quelques jours auparavant, à substituer à M. de Saint-Germain, dans son avoir, le créancier à l'égard duquel il était débiteur de 54,000 livres, et ce moyennant la rétrocession pure et simple de son mobilier, le payement comptant de 2,000 écus et l'abandon de quelques valeurs plus idéales que réelles dans les circonstances présentes. Son hôte, qui n'avait pas hésité à lui avancer les 6,000 livres à ce nécessaire, voulut bien encore s'employer à faire résilier le bail de son appartement de la rue des Capucines, payer les 9,000 livres qui étaient dues pour les dix-huit mois échus et le débarrasser de quelques dettes criardes qu'il avait encore (2).

L'abbé profita de sa présence à Paris pour y faire, le 25 novembre 1790, la déclaration prescrite par les décrets des 6 et 11 août précédents. Il ressort de cette déclaration, dont les Archives départementales du Calvados possèdent une copie (3), qu'il était titulaire : 1º du prieuré royal et commendataire de Saint-Etienne du Plessis-Grimoult, qui lui rapportait, déduction des charges, environ 25,482 livres

(1) Almanach des adresses de Paris, 2 vol. in-12, Paris 1790 et 1791.

(2) Lettre citée du 9 novembre 1791.

(3) Communic. de M. Armand Bénet, archiviste départemental du Calvados.

10 sols par an (1) ; 2° d'un canonicat en l'église de Noyon, estimé par l'évaluation du chapitre au district de Noyon 4,000 livres ; 3° enfin, d'une pension de 1,000 écus sur le prieuré couventuel de Saint-Fortuné de Charlieu, de la Congrégation de Cluny, ancienne observance, au diocèse de Màcon, laquelle pension, homologuée au Parlement le 7 septembre précédent, lui valait annuellement 2,100 livres, soit au total 31,582 livres 10 sols.

A son retour à Noyon, le 5 décembre, Berton-Duprat trouva closes les portes de la cathédrale (2). Le décret du 27 novembre 1790, enjoignant aux évèques et aux prêtres chargés du service paroissial de prêter serment à la Constitution civile du clergé, n'atteignait pas les membres des anciens chapitres. Berton-Duprat mit à profit la liberté qui lui était laissée pour se livrer, dans sa paroisse, aux fonctions du ministère. « La vie que je mène ici, écrivait-il à M. Magon de la Balue, ne vous permettroit pas d'hésiter à me pardonner, si elle vous étoit parfaitement connue ; elle est enfin d'une édiffication, d'une sagesse si exemplaire (dont je voudrois que tout autre put vous rendre compte) qu'à Pasques dernier, l'on s'est adressé à moi pour la cérémonie des premières communions, pour la procession de la Fête-Dieu, en un mot pour toutes les grandes solennités qui ont eu lieu dans ma paroisse après la clôture de notre cathédrale..... Il m'a même été accordé, par l'estime et la considération publique, dans le nouveau ministère que j'exerce, des distinctions que personne n'y avoit obtenues avant moi. Un évènement particulier, remarquable en ce qu'il est assez rare à rencontrer, a mis le comble à

(1) Le 27 février 1790, Tortain régisseur du prieuré avait fait devant la municipalité de Caen une déclaration détaillée. (Communic. de M. Arm. Bénet).

(2) Arch. dép. de l'Oise, G. 1336 p. 221, délib. du 22 novembre 1790. — V. Brière, Principaux extraits du manuscrit Lucas, dans Mém. du Comité archéol. et historique de Noyon, t. XI, p. 250.

ma gloire ecclésiastique. M. le comte de Lauraguais (1)
avoit auprès de lui, à sa terre de Manicamp, dont je ne suis
qu'à deux lieues et demi, une fille naturelle, née protes-
tante et baptisée à Londres, sous le nom de son père, ainsi
qu'il est d'usage, quand on le veut. Cette jeune personne,
nouvellement entrée dans sa 25e année, a tout plein d'esprit,
de grâces et de tournures intéressantes. M. de Lauraguais,
en s'émigrant il y a bientôt un an, m'a prié de servir de
tuteur et de surveillant à sa fille, qu'il a laissée dans une
communauté de cette ville. J'ai consenti à soigner ce précieux dépôt, à condition que si l'on parvenoit, dans cette
maison pieuse, à donner à Mademoiselle de Lauraguais le
goût de se faire catholique, nous en aurions tous deux la
liberté. C'est précisément ce qui est arrivé, après l'avoir
fait instruire par tout ce qu'il y avoit de plus révéré et
accrédité dans le diocèse. Quand on l'a eu jugée digne de
faire son abjuration, on m'a décerné l'honneur de la recevoir. Je m'en suis défendu inutilement, tout a concouru à
m'y forcer, quoique le plus novice des grands vicaires.
Cette cérémonie, à raison de ce qu'elle est peu commune
et du nom de la prosélyte, a été courue de tout ce qui a
pu y assister, touchante par elle-même, par la sainteté qu'y
apportoit la nouvelle convertie. Par son attendrissement
extrème, qui a passé dans l'âme de tout mon auditoire,

(1) Louis-Léon-Félicité, duc de Brancas, comte de Lauraguais
(1733-1824), quitta l'armée pour se livrer aux lettres et aux sciences.
Ami de Voltaire, il voulut à sa suite essayer du théâtre. Il s'occupa
aussi de médecine et de chimie et, de concert avec Lavoisier fit des
expériences sur la composition du diamant, qui absorbèrent une
grande partie de sa fortune, si bien qu'en 1770, il se vit dans
l'obligation de vendre sa bibliothèque, alors l'une des plus belles de
l'Europe. La hardiesse de ses brochures et de ses épigrammes le
contraignit à plusieurs reprises, pour éviter la prison, à passer en
Angleterre. Au commencement de 1790, il jugea prudent d'émigrer et
ne revint en France, que pour être incarcéré à la Conciergerie. Le
9 thermidor lui rendit la liberté, mais sa femme périt sur l'échafaud.
Son esprit frondeur le jeta dans l'opposition, même sous la
Restauration, qui l'avait élevé à la pairie. Il mourut en 1824, dans
les sentiments de la plus vive piété.

mon discours y a été applaudi. comme s'il le méritoit : tout le monde y a véritablement sanglotté, au point que j'ai partagé sensiblement cette émotion, ce qui a peut-être décidé de mon succès oratoire et fait que je m'y suis acquis, sans m'en douter, le surnom de Petit Pontif et d'un grand missionnaire ; ma considération s'en est, du moins, fort accrue et consolidée ; on m'a dit qu'en composant ce discours, on voyoit bien que j'avois trouvé mon esprit dans mon cœur. Ce qui me flatte le plus, c'est que mon évêque, qui est à Nice et à Rome, depuis qu'il a dû s'arracher de Carlepont, a voulu en avoir une copie et l'a fort approuvé ; aussi il ne me reste rien à désirer à ce sujet que la certitude qu'un pareil succès ne vous soit pas de toute indifférence à cause de moi uniquement (1) ».

Malgré le ton enjoué de cette lettre, l'inquiétude était grande à Noyon dans les rangs du clergé, tenu en suspicion depuis que les curés de la ville avaient refusé de prêter serment et de lire le mandement de l'évêque intrus. Les Amis de la Constitution, affiliés au Club des Jacobins, entretenaient dans la population les sentiments de défiance. Le 3o mai eut lieu dans la cathédrale la proclamation des curés récemment nommés par l'assemblée électorale. L'abbé Gibert, député du clergé aux Etats-Généraux pour le bailliage de Vermandois, l'un des premiers qui avaient prêté serment à la barre de l'Assemblée nationale, fut proclamé curé de l'unique paroisse de Noyon (2).

Dans sa détresse, Berton-Duprat avait engagé pour plusieurs années les rentes viagères qu'il avait antrefois prises sur le roi, lors de son séjour en Suède. Il n'avait donc pour subsister que sa pension, liquidée provisoirement à 6,000 livres, et celle-ci était loin de lui être régulièrement

(1) Lettre citée du 9 novembre 1791.

(2) Léon Mazière, Annales noyonnaises dans Mém. cités, t. XV, p. 28 et 35-41.

payée (1). Il résolut d'aller passer les fêtes de la Pentecôte à Montévrain, car il lui tardait de savoir si M. de Bellaire n'avait pas entendu parler de M. Ducluzeau, receveur général des finances à La Rochelle, qu'il avait chargé de recouvrer les sept ou huit mille livres lui restant dues par ses fermiers du Peyrat. Lorsqu'il revint à Noyon, il trouva la ville en effervescence : à la nouvelle de la fuite du roi et de la famille royale, il venait d'être décidé que tous les habitants âgés de dix-huit ans, même les prêtres non fonctionnaires, seraient tenus de faire le service de la garde et de prêter le serment « d'être fidèles à la nation, à la loi et au roi, de maintenir de tout leur pouvoir la Constitution décrétée par l'Assemblée nationale et acceptée par le roi, de veiller de tout leur pouvoir à la sûreté et à la tranquillité publique et de prendre les armes au premier signal pour la défense de l'Etat et de tous les citoyens ». De tous les anciens chanoines alors présents à Noyon, seul M. Marc consentit à prêter ce serment qui renfermait une adhésion implicite à la Constitution civile du clergé. Malgré ce refus, la seconde procession de la Fête-Dieu eut lieu le 3 juillet sans incident. Il en fut de même au sujet de l'anniversaire de la prise de la Bastille. Le 16 juillet, les églises des paroisses supprimées furent fermées, et la cathédrale, interdite aux prêtres réfractaires, devint le siège de la paroisse constitutionnelle ; le 5 août enfin, les électeurs de l'Oise envoyèrent à l'Assemblée législative l'ancien curé de Sermaize, le trop fameux abbé Coupé (2).

Tout en relatant ces divers événements, Berton-Duprat

(1) Lettre citée du 9 novembre 1791. — Sa pension de 1790 ne lui fut versée qu'en 1791 en deux mandats, l'un de 1800 livres le 16 janvier, l'autre de 4200 livres, le 12 août. (Arch. départ. de l'Oise, Série L 2 v, District de Noyon : cahier servant à l'enregistrement des mandats délivrés pour le traitement du clergé, 1790-1792. — Requête adressée le 2 juillet 1791 par l'abbé de Berton-Duprat aux administrateurs du district de Noyon).

(2) Léon Mazière, Annales noyonnaises dans Mém. cités, t. XV, p. 41-49.

conservait l'espoir de voir bientôt la situation s'améliorer.
« Nous avons ici la réputation, écrivait-il, d'être fort aris-
tocrates ; on a raison pour le plus grand nombre. Le chef
du diocèse et ses représentans ont toujours eu la consola-
tion d'y voir la religion pratiquée et défendue, comme si
l'évèque légitime n'en étoit jamais sorti, ni même supprimé
par les décrets. Il n'y a pas longtems que les grands
vicaires de M. de Grimaldi ont été forcés d'y cesser leurs
fonctions. Les communautés de filles, les vrais fidels, malgré l'esprit de persécution et les menées des perfides clu-
bistes, y sont encore triomphans ou restés fermes dans la
foy. Sur dix curés qu'il y avoit dans cette ville, un seul a
juré. Il étoit député du côté gauche à la première législature (1). Il est devenu aussi le pasteur des six mille habi-
tans que renferme Noyon ; mais il convient qu'il n'est que
le curé de la canaille, que personne d'honnète ou au-des-
sus de cette classe ne fréquente son église, devenue la
paroisse unique établie dans l'ancienne cathédrale. Ceux
qui fuyent le schisme et toute communication avec les
schismatiques (et c'est assurément les trois quarts et plus
que la demie des citoyens) entendent les messes qui se
disent dans les maisons et chambres particulières par les
prêtres non assermentés. Jusques à l'établissement d'un
club ici, qui, heureusement, n'est composé que de gens
décriés, et par là moins dangereux dans ses perfides inten-
tions ou tentatives, nous avons eu tranquilité constamment parfaite. Le président de ce club, qui est un prêtre
fanatique, devenu actuellement député de la deuxième
législature (2), a cependant failli nous sortir de cet heureux
calme et faire égorger tous les ecclésiastiques par ce qui
s'apelle les enragés du peuple. La fermeté, la prudence
de notre clergé, qui a consenti d'effectuer tout ce que
feroient les autres citoyens, même de monter la garde, et
la sagesse du maire de notre municipalité, qui nous a tou-

(1) L'abbé Gibert.
(2) L'abbé Coupé.

jours protégés efficacement, nous ont sauvés tous de ce grand péril. Nous en avons été quittes pour monter, une seule fois chacun, la garde à notre tour. J'ai pu et n'ai pas voulu être dispensé du mien. Je m'y suis même distingué, en présentant les armes, pendant ma faction (sans qu'on me l'eut donné pour consigne) à la patrouille de garde, au moment qu'elle arrivoit de faire sa ronde du soir. Le peuple a senti et fait cesser de lui-même ce ridicule extrème et si contrastant avec la soutanne. Je continue, depuis cette circonstance, qui, en pouvant tourner bien differremment, avoit d'abord effrayé le public bien pensant, à goûter ici une végétation aussi douce que parfaite. Il nous est arrivé avant-hier de Bourgogne 600 gardes nationaux, à poste fixe, dont, sur parolle, on redoutoit la présence, et qu'à Compiègne, siège de la plus outrée démagogie, on n'avoit rien épargné, en effet, pour nous rendre infiniment redoutables; mais nous les avons si bien accueillis et régalés qu'ils disent être plus contens au milieu de nous qu'ils n'ont sujet de l'être des Compiégnois, et qu'enfin ils nous promettent seureté et protection à tous égards, même contre les malintentionnés du club agonisant, et que ces nouveaux venus paroissent déjà se montrer à nous tenir parolle (sic). J'en conclus que nous pourrons attendre avec plus de patience le meilleur ordre de choses, qui se prépare au loin, dont nous recevons ici des détails très seurs de partout, de la source même (1), et très suivis,

(1) On lit dans le post-scriptum de la lettre : « Je suppose que vous êtes aussi peiné que moi de l'acharnement des papiers publics à décrier qui nous est à tous deux également cher à Bruxelles. J'en ai reçu il y a peu de tems des nouvelles de sa main par la poste ordinaire. Une autre lettre du 31 octobre dernier d'un de ses amis, qui lui en a fait parvenir une de moi par occasion particulière et sûre, s'explique en ces termes : « le porteur de votre lettre pour Bruxelles l'a remise en mains propres, a causé plus de trois heures en tête à tête avec le patron, qui sait tout ce qu'on débite, invente ou se permet d'infamie sur son compte, etc. ». Le patron, dont parle ici Berton-Duprat, n'est autre que le baron de Breteuil, qui après être demeuré quelque temps en Suisse était alors à Bruxelles (V. l'abbé J.-F. Georgel, Mémoires pour servir à l'histoire des évènements de la fin du XVIIIe siècle, Paris 1818, 6 vol. in-8°, t. III, p. 292 et ss.)

d'après lesquels il est possible que l'explosion ait lieu plutôt qu'on ne l'espère et au moment surtout qu'on s'y attendra le moins. Telle est, du moins, mon opinion sur les apperçus que j'ai seulement des chefs (1) ».

Berton-Duprat, qui était alors en correspondance avec Breteuil, partageait les sentiments de la plupart des émigrés. La Révolution, lui semblait-il, touchait à sa fin. Les bruits de guerre qui commençaient à circuler, l'annonce que le prince de Condé rassemblait sur le Rhin une armée considérable, l'agitation causée par les intrigues royalistes qui se nouaient de toutes parts, tout contribuait à entretenir chez lui ces vaines illusions, que les événements allaient bien vite dissiper.

Dès les premiers mois de 1792, en effet, des troubles éclatèrent à Noyon, et plusieurs ecclésiastiques non assermentés y furent l'objet de démonstrations hostiles (2). Bientôt aussi, à l'inquiétude que causaient dans les rangs de la populace les prétendues menées de la réaction, vinrent s'ajouter des préoccupations d'un autre ordre : l'envahissement de la Belgique avait complètement échoué et les armées coalisées de l'Autriche et de la Prusse, jointes aux corps d'émigrés, menaçaient nos frontières. L'Assemblée législative proclama la Patrie en danger, et, le 15 août, elle décrétait que tout Français recevant pension ou traitement de l'État serait censé y avoir irrévocablement renoncé, s'il ne justifiait, dans la huitaine de la publication dudit décret, qu'il avait prêté, devant la municipalité du lieu de son domicile, le serment d'être « fidèle à la nation et de maintenir la liberté et l'égalité ou de mourir en la défendant (3) ».

Ce serment était tout différent de celui qu'on avait prétendu imposer au clergé l'année précédente. Il n'y était

(1) Lettre citée du 9 novembre 1791.

(2) Léon Mazière, Annales noyonnaises, dans Mém. cités, t. XV, p. 70 et 74.

(3) Ibid, t. XV, p. 80.

nullement question de la Constitution schismatique
de 1790 ; de plus, les mots de liberté et d'égalité étaient
susceptibles d'une interprétation légitime. La plupart des
ecclésiastiques, et Berton-Duprat fut de ce nombre, ne
pensèrent pas devoir s'y refuser. Il se présenta donc le
21 août devant la municipalité (1) ; mais il se flattait à tort
d'avoir mis par là sa pension à l'abri de toute atteinte ; le
27 septembre 1792, la Convention décrétait à son tour que
« les pensions accordées aux ecclésiastiques, tant réguliers
que séculiers, non employés, seroient réduites de manière
à ne pas excéder la somme de mille livres (2) ».

A la coalition de l'Europe et au soulèvement de la Ven-
dée, qui suivirent de près l'exécution du roi, la Convention
répondit par les levées en masse et par l'établissement
d'un tribunal criminel extraordinaire et d'un Comité de
Salut public, chargés, l'un de connaître sans appel de toute
entreprise contre-révolutionnaire, l'autre de surveiller
l'action du pouvoir exécutif et de pourvoir d'urgence à la
défense nationale. Isoré et Collot d'Herbois, envoyés en
mission dans les départements de l'Aisne et de l'Oise,
arrivèrent à Noyon le 5 août 1793. Leur premier soin fut
d'adjoindre aux autorités locales existantes « un Comité
permanent de surveillance et de sûreté générale », qui
dresserait, de concert avec le Conseil général de la commune, la liste des suspects (3).

Sur cette liste, que nous avons retrouvée aux Archives
départementales de l'Oise, et qui fut définitivement arrêtée

(1) Ibid, t. XV, p. 83. — Arch. départ. de l'Oise, Série L 2 v, District de Noyon : Etat de tous les ecclésiastiques, séculiers et réguliers,
qui ont prêté le serment de maintenir la liberté et l'égalité, conformément à la loi du 15 août 1792, dans la municipalité de Noyon.

(2) Le Moniteur, réimpression. t. XIV, p. 68. — Arch. départ. de
l'Oise, Série L 2 v, district de Noyon : Etats des sommes à paier aux
ci-devant chanoines de Noyon et autres pour les trimestres de janvier,
avril, juillet 1793 et les 1er, 2e et 3e trimestres de l'an II.

(3) Léon Mazière, Annales noyonnaises, dans Mém. cités, t. XV,
p. 99, 104, 107-108 et 111.

le 2 septembre, à 4 heures du soir, figure le nom de Berton-Duprat (1). Mis en état d'arrestation dès le lendemain, il fut d'abord gardé à vue dans les bâtiments de l'ancien séminaire, puis bientôt transféré à Chantilly, dont le château avait été transformé en maison d'arrêt. Le convoi dont il faisait partie quitta Noyon le 6 septembre. Il comprenait, outre les anciens chanoines de Balanzac, Reneufve, Frémont, Reydelet, de Cabrières, de Vergès, Vincent, de la Breuille et du Bousquet, quelques chapelains et religieux et plusieurs laïcs de l'un et l'autre sexe, en tout trente personnes (2). Entassés dans de mauvaises voitures réquisitionnées à cet effet, les prisonniers n'arrivèrent à Chantilly que le lendemain fort avant dans la nuit. « Vers minuit, raconte Sophie de Girardin (3), qui avait été incarcérée le jour même (4), un grand fracas se fit entendre et nous glaça d'effroi. On frappait à coups redoublés à la porte d'entrée, on allait, on venait, on gémissait, on jurait, on criait, on menaçait ». Nous apprîmes le matin que « l'effroyable tapage nocturne, qui nous avait alarmés, provenait d'un convoi amené de Noyon à Chantilly. Les prisonniers qui le composaient avaient passé quarante huit heures sans repos, sans nourriture, exposés aux menaces, aux insultes, aux provocations de leur escorte. Les voitures s'étaient brisées en route, plusieurs d'entre eux étaient grièvement blessés ».

Dans les premiers temps de sa détention, Berton-Duprat

(1) Arch. départ. de l'Oise, Série L 2 v, Registre de délibérations du Conseil général du district de Noyon, fol. 146, séance du 2 septembre 1793.

(2) Alex. Sorel, Le château de Chantilly pendant la Révolution, Paris 1872, in-8° p. 201-202. — Arch. départ. de l'Oise, Registre d'écrou de Chantilly, L 1 y, fol. 62.

(3) Mme de Bohm, Les prisons en 1793, Paris 1830, in-8°, p. 18-19.

(4) Sophie de Girardin fut incarcérée le 7 septembre (Alex. Sorel, ouv. cité, p. 180). Le convoi, arrivé de Noyon, dans la nuit même qui suivit son incarcération, est donc bien celui dont faisait partie Berton-Duprat, inscrit sur le registre d'écrou sous la date du 8 septembre.

n'eut pas trop à se plaindre du régime auquel il était soumis.
Les prisonniers avaient la faculté de faire venir leur nourriture du dehors, de recevoir des visites, des journaux, des
livres, de faire de longues promenades soit dans la cour,
soit sur les plombs du château, d'où la vue embrassait
d'un côté la pelouse, de l'autre le parc tout entier ; mais,
après l'arrivée à Chantilly d'un détachement de l'armée
révolutionnaire les détenus se virent en butte à toutes
sortes de vexations. Bientôt un nouveau règlement, élaboré
par le district de Senlis, les priva de la liberté relative,
dont ils avaient joui jusqu'alors : visites, papiers, journaux,
furent prohibés et les correspondances soumises à une
censure rigoureuse. De plus, il fut arrêté que la nourriture
serait la même pour tous et que les repas seraient pris en
commun (1). Le menu était invariable. « Nous mangions,
raconte la duchesse de Duras, de la soupe où il n'y avait
que de l'eau, des lentilles comme celles que l'on donne
aux chevaux, des pommes de terre germées et un ragoût
très dégoûtant... On sortait de table ayant aussi faim
qu'en y arrivant » (2).

On conçoit que, soumis durant de longs mois à un
pareil traitement, Berton-Duprat ait appris avec une
certaine satisfaction son transfert à Liancourt. Le 6 thermidor de l'an II (24 juillet 1794), il quittait Chantilly avec
la plupart de ses confrères (3) ; le 9, Robespierre et son
parti tombaient et l'ère de la Terreur était close ; mais,
malgré la réaction formidable qui se produisit, Berton-
Duprat dut attendre l'effet de ses réclamations au Comité
de sûreté générale. Ce n'est que le 21 nivôse de l'an III
(10 janvier 1795), qu'il obtint enfin un arrêté, portant

(1) Alex. Sorel, ouv. cité, p. 33-41 et 107-122.

(2) Duchesse de Duras, Journal des prisons de mon père, de ma
mère et des miens, Paris 1888, in-8°, p. 54.

(3) Alex. Sorel, ouv. cité, p. 201-202.

entr'autres la signature de Barras et le rendant à la liberté (1).

Mais depuis seize mois, que de ruines et que de deuils ! Des personnes qu'il avait connues, les unes étaient en exil, les autres étaient mortes ou avaient péri sur l'échafaud. M. Magon de la Balue, violemment arraché de son hôtel, malgré ses quatre-vingt-un ans et traduit devant le tribunal révolutionnaire, avait été exécuté avec son fils, sa fille et son petit-fils âgé de dix-sept ans à peine (2) ; M. de Grimaldi était passé à Londres ; M. de Breteuil résidait près de Hambourg ; partout les exercices du culte étaient suspendus et rien ne faisait prévoir la prochaine réouverture des églises. Dénué de ressources, ne sachant que devenir, Berton-Duprat obtint une place de commis principal, près la municipalité du 7ᵉ arrondissement de Paris, dont le siège se trouvait rue Sainte-Avoye, dans l'ancien hôtel d'Asnières (3).

(1) « Convention nationale. Comité de Sûreté générale. Du 21 nivôse l'an trois de la République françoise une et indivisible. Vu la réclamation du citoyen Berthon-Duprat et les certificats à l'appuy, le Comité arrête qu'il sera mis sur le champ en liberté et les scellés levés s'ils ont été apposés. L'agent national du district de Noyon est chargé de l'exécution du présent arrêté. Les représentans du peuple, membres du Comité de Sûreté générale, signé, Vardon, Lomont, Guffroy, Clauzel, Bentabole, P. Barras et Harmand » (Arch. nat., A. F. *II, 269, p. 3149. Arch. départ. de l'Oise, L 2 m, district de Senlis).

(2) H. Wallon, Histoire du tribunal révolutionnaire de Paris, 6 vol. in-8°, Paris 1880, t. V., p. 54. — Lainé, Archives généal. et historiques de la noblesse, t. V., art. St-Pern, p. 21 et t. XI, art. Cornulier, p. 21.

(3) C'est en vertu de la Constitution de l'an III, que le canton de Paris fut divisé en douze municipalités. L'almanach national de l'an IV, p. 375, ne donne pour le VIIᵉ arrondissement que les noms des administrateurs, mais celui de l'an V, p. 336, nous fait connaître en outre le secrétaire en chef, le citoyen Lambin et les deux commis principaux, les citoyens Duprat et Caron.

VI

Berton-Duprat occupait encore ce modeste emploi, à l'époque du Concordat. Il pensa alors à reprendre sa place dans les rangs du clergé et, moins de deux mois après la signature de ce pacte destiné à rendre à la France la paix religieuse, il adressait au Ministre de l'Intérieur la requète suivante :

« Au citoyen Chaptal, Ministre de l'Intérieur de la République françoise, une et indivisible ».

« Louis-François Berthon-Duprat, né à Paris, sollicite des bontés du gouvernement de vouloir bien le comprendre dans sa future promotion aux évêchés ».

« Ses titres à cette faveur sont : 1° d'avoir été aumônier du roi à la Bibliothèque, chanoine et vicaire général de Noyon ; 2° d'avoir préféré rester en proye aux tourmens de la Révolution plutòt que de fuir sa patrie, quoi qu'avec des facilités de tous genres pour émigrer; 3° d'avoir perdu par cette Révolution un revenu de plus de soixante mille francs et, par suite d'une détention de dix-sept mois non interrompus à Chantilly, Liancourt et autres maisons d'arrêt, un mobilier valant plus de cinquante mille écus pillé et disparu en totalité ; 4° de n'avoir été d'aucune faction, ni compromis en aucun tems ; de s'être voué, aussitôt sa liberté obtenue et l'établissement des douze municipalités du canton de Paris, à servir la République, près de la mairie du septième arrondissement, où il est encore employé ».

« Berthon-Duprat peut citer aussi à son avantage quinze années consécutives passées comme secrétaire d'ambassade ou chargé seul des affaires de France à Liége, en

Allemagne, Russie, Suède, Hollande, et partout dans des circonstances actives et importantes. Les services diplomatiques précités sont tous rappelés et reconnus méritoires par un certificat du citoyen Talleyrand, daté du 22 floréal an VI ».

« L'attention particulière et soutenue qu'auroit d'ailleurs Berthon-Duprat, s'il se trouvoit à la tête d'un diocèse, d'y faire concourir la religion et la morale chrétienne à l'affermissement de la République (principes que son zèle en toutes circonstances s'efforceroit même de faire constamment chérir et pratiquer, en y ajoutant surtout l'exemple au précepte) n'est pas le moindre véhicule du vœu qu'émet ici Berthon-Duprat. Il promet, en outre, de convaincre toujours le gouvernement de cette vérité d'une manière à l'y faire croire, autant qu'à l'assurance de son très fidel dévouement et profond respect ».

« Paris, le 12 fructidor an IX de la République une et indivisible.

« Berthon-Duprat (1) ».

Le 4 vendémiaire de l'an X (26 septembre 1801), six jours après l'échange des ratifications du Concordat entre le Saint-Siège et la République française, il revenait à la charge. « Berthon-Duprat, écrivait-il, croit devoir ajouter à l'appui de sa demande qu'il étoit intime depuis plus de vingt ans avec le directeur général du Trésor public, citoyen Dufresne ; qu'il est particulièrement connu du ministre des affaires extérieures, des citoyens Perrégaulx, Barthélemy, membres du Sénat conservateur (et ce dernier son élève en diplomatie), des conseillers d'Etat Marmont, Regnauld de Saint-Jean d'Angély et de M. le comte

(1) Arch. nat., F 19 865. — Une note écrite en marge de cette requête nous apprend qu'il y fut répondu le 29 fructidor an IX.

de Cobentzl, ministre de conférences et vice-chancelier de
l'Empire à Vienne, qui, par leur bienveillance, leurs suf-
frages et leurs vœux, le portent tous à un évêché. Il sup-
plie qu'on lui permette d'avouer ici, qu'après avoir tra-
vaillé efficacement à la Révolution de Catherine seconde
à Pétersbourg et de Gustave III à Stockholm, son enthou-
siasme, sa vénération et son dévouement inexprimable
pour le héros qui, par son 18 brumaire an VIII, a sauvé
la France de son entière destruction et sait, par des pro-
diges toujours soutenus, la rendre heureuse au dedans
comme redoutable à ses ennemis du dehors, lui font par-
dessus tout ambitionner secrètement et apprécier dans
son cœur le bonheur d'être attaché à la personne de l'in-
comparable Bonaparte en qualité de son aumônier (1) ».

Si cette singulière requête n'eut pas le résultat qu'en
attendait son auteur, elle ne fut cependant pas inutile :
l'année suivante, Berton-Duprat était devenu vicaire
général de Coutances et archidiacre de Saint-Lô. L'un de
ses amis d'enfance, Claude-Louis Rousseau (2), qui, grâce
à l'appui de Portalis, venait d'être promu à cet évêché,
l'avait emmené dans son diocèse et en avait fait son
grand vicaire (3). Le 7 vendémiaire de l'an XI (29 septembre 1802), nous le trouvons en cette qualité à Cherbourg, recevant la soumission des prêtres assermentés,
levant les censures et admettant dans la communion de

(1) Arch. nat., F 19 865.

(2) Cl.-L. Rousseau (1736-1810), né à Paris, comme Berton-Duprat
sur la paroisse Saint-Eustache, prêcha à la cour le carême de 1774 et
reçut, avec le titre de prédicateur du roi, un canonicat dans la cathédrale de Chartres et la commende de l'abbaye de Lire, au diocèse
d'Evreux. Durant la Révolution, il suivit les princes en exil et ne
rentra en France qu'à la fin de 1799. Nommé, lors du Concordat, à
l'évêché de Coutances, il fut sacré à Paris le 25 avril 1802 et transféré
en 1807 sur le siège d'Orléans (V. l'abbé Lecanu, Histoire des évêques
de Coutances, in-8°, Coutances 1839, p. 407).

(3) Communication de M. le chanoine Leroux, vicaire général de
Coutances.

l'Eglise ceux qui adhéraient aux brefs du Saint-Siège et au Concordat réconciliateur (1).

· Lors de l'organisation définitive du diocèse, il conserva les titres d'archidiacre et de vicaire général honoraires et fut pourvu d'un canonicat le 7 pluviôse de l'an XI (27 janvier 1803) ; mais la monotonie de la vie de province s'accordait mal avec son caractère remuant ; il ne demeura que fort peu de temps à Coutances, et, après s'être assuré du concours de l'un de ses confrères pour le suppléer au chœur, il revint à Paris (2), où il fut le témoin enthousiaste des gloires et des magnificences de l'épopée impériale.

Presque septuagénaire, l'abbé de Berton-Duprat ne croyait pas encore sonnée l'heure de la retraite ; il fit si bien qu'il devint l'un des chapelains de l'impératrice Joséphine (3). Il se trouvait à Navarre (4), de service auprès de

(1) Grâce à l'obligeance de M. le chanoine Leroux, voici d'après les archives de la Trinité de Cherbourg, la teneur de l'une des lettres de communion, délivrées à cette époque par l'abbé de Berton-Duprat : « Nous, Claude-Louis Rousseau, par la miséricorde divine et la grâce du Saint-Siège apostolique, évêque de Coutances, certifions à tous ceux qu'il appartiendra que le citoyen S.... prêtre, curé de la commune de B... âgé de 41 ans, nous est uni conformément à la loi du 18 germinal dernier et qu'il appartient à notre diocèse. Donné à Cherbourg, le 7 vendémiaire de l'an XI, sous notre seing, la suscription de notre secrétaire et le sceau de notre siège épiscopal. Signé : l'abbé Berton-Duprat, vicaire général à ce autorisé et comme suppléant à Monsieur l'Evêque de Coutances ; Closet, vicaire général, pour le secrétaire absent. Vu par le maire de Cherbourg, 7 vendémiaire an XI, P. J. Delaville, etc. »

(2) Berton-Duprat fut solennellement installé dans son canonicat le 9 prairial de l'an XI (29 mai 1803). Il résulte de plusieurs de ses lettres, conservées dans les archives de l'évêché de Coutances, qu'en 1806 et 1807, il habitait à Paris, rue Neuve-Saint-Roch, n° 12 et qu'il se faisait remplacer au chœur par M. l'abbé Blondel, chanoine honoraire. (Communication de M. l'abbé P. Fleury, prosecrétaire de l'évêché de Coutances.)

(3) Le Prince de Rohan fut nommé grand aumônier de l'Impératrice le 27 avril 1805 et le budget de 1806 mettait à la disposition de la grande aumônerie un fonds de 12.000 francs pour le traitement de deux chapelains ; mais, le 22 janvier 1807, ceux-ci n'étaient pas encore désignés. (Arch. nation., Série O 2 1213). La nomination de l'abbé de Berton-Duprat est donc postérieure à cette date.

(4) Le domaine de Navarre (commune, canton et arrondissement

celle-ci, lorsque, dans le courant de janvier 1811, il fut pris d'un accès de goutte, auquel il n'attacha d'abord aucune importance ; mais le 21, son état s'aggravant, il revint en hâte à Paris (1) et n'eut que le temps de gagner la rue du Mail, où il habitait (2). C'est là, dans le quartier Montmartre, à peu de distance de la rue du Gros-Chenêt, qui l'avait vu naître, à quelques minutes de l'église Saint-Eustache, où il avait reçu le baptême et aimait à venir prier, que deux jours après, il rendait son âme à Dieu (3).

Le surlendemain, après un service en l'église des Petits-Pères, un modeste corbillard traversait Paris : les passants,

d'Evreux), qui avait longtemps appartenu aux ducs de Bouillon, fut incorporé par Napoléon au domaine impérial. Joséphine, après le divorce, y séjourna à deux reprises, la première fois du 18 mars au 15 mai 1810, la seconde du 22 novembre 1810 au mois de septembre 1811. (V. Frédéric Masson, Joséphine·répudiée, Paris 1901, in-8°, p. 147-181 et 217).

(1) Lettre de M. Jean-Joseph Rousseau, frère de l'ancien évêque de Coutances et maire du 3e arrondissement de Paris (V. Michaud, Biogr. universelle et P. Larousse, Grand Dictionnaire) à MM. les vicaires généraux de Coutances, 24 janvier 1811. (Communication de M. l'abbé P. Fleury).

(2) V. Petites affiches de Paris, janvier et février 1811, 2 vol. in-8°, n° 4154 du dimanche 27 janvier 1811, « Scellés apposés après décès, du 24 : après le décès de Louis-François Berton-Duprat, chapelain de S. M. l'Impératrice Joséphine et grand vicaire de Coutances, rue du Mail n° 20, 3e arrondissement » et n° 4164 du mercredi 6 février 1811 « 3e arrondissement, décès de janvier, Louis-François Berton-Duprat, prêtre, rue du Mail, n° 20 ». — Il y prenait pension, depuis plusieurs années déjà, chez M. Claude Faivre, rentier. L'inventaire des titres, papiers et renseignements dépendant de la succession, dressé les 13 mai et 19 juin 1811, avec le concours de Me Barberon, commissaire priseur, par Me Trubert, notaire à Paris, mentionne entr'autres choses quelques ornements, huit tableaux représentant divers personnages et un cadre en bois doré contenant vingt-quatre médailles en cuivre rouge. Ces objets constituaient le plus clair de l'actif. Le passif, résultant de plusieurs emprunts, se montait à plus de 10,000 francs. (Arch. du Greffe de la Justice de paix du 2e arrondissement : Procès-verbal de la levée des scellés.)

(3) Dans son numéro du lundi 28 janvier 1811, le Courrier de l'Europe et des Spectacles, après avoir relaté le décès, ajoutait « il avait été employé autrefois dans le ministère des affaires étrangères ».

qui se découvraient indifférents devant ce cercueil, sur
lequel avaient été déposés un rochet, une mozette et les
autres insignes de la dignité canoniale, étaient loin de se
douter que celui dont il renfermait la dépouille avait été
initié à la plus étrange des intrigues diplomatiques, et
qu'avec lui disparaissait l'un des derniers dépositaires du
Secret du Roi.